MARTIN BERNSTEIN

KULTSTÄTTEN RÖMERLAGER UND URWEGE

MARTIN BERNSTEIN

KULTSTÄTTEN RÖMERLAGER UND URWEGE

ARCHÄOLOGISCHE AUSFLÜGE VON DER STEINZEIT BIS ZUM MITTELALTER IN OBERBAYERN

Mit 17 Karten und 24 Fotos

nymphenburger

Inhalt

1 Die Weinberghöhlen bei Mauern

Lebensraum und Kultplatz
altsteinzeitlicher Jäger

Mauern ist ein kleines Dorf nördlich der Donau im Landkreis Neuburg-Schrobenhausen. Die berühmteste Mauernerin ist runde 25 000 Jahre alt – ein Kalksteinfigürchen aus der Altsteinzeit, gefunden in den Weinberghöhlen oberhalb des Ortes. Ein Spaziergang zur Fundstätte führt uns zurück in die Zeit, als die ersten modernen Menschen begannen, den Raum des heutigen Oberbayern zu besiedeln.

Obwohl die Sonne hoch am Himmel steht, will es nicht richtig warm werden. Doch die Menschen, die an diesem Tag zur Höhle mit dem nach Sonnenaufgang gewandten Eingang pilgern, spüren die Kälte nicht. Sie kennen kein anderes Klima und tragen dicke, mit Knochennadeln und Darmsaiten fest vernähte Fellkleider. Daß ihre Vorfahren vor langer Zeit aus einem warmen Land weit im Süden gekommen sind, wissen die Menschen, die am Nordufer des großen Flusses wohnen, nicht mehr.
Der Schamane hat sie heute zu sich gerufen: Es geht um die Zukunft der Sippe. Schon seit vielen Monden ist es den Jägern des

7

Stammes nämlich nicht mehr gelungen, eines dieser riesigen Rüsseltiere mit den gekrümmten Stoßzähnen aufzuspüren und zu erlegen, mit dem sich der Fleisch-, Knochen- und Fellbedarf der Sippe für lange Zeit decken läßt. Die Jäger jagen, aber die Erde bringt keine Mammuts mehr hervor – das Gleichgewicht ist gestört. Männliches und weibliches Prinzip entsprechen einander nicht mehr ... Ein Raunen geht durch die Reihen, als der Schamane im Höhleneingang erscheint. Dorthin, in den Leib der Erde, hat er sich vor Tagen zurückgezogen, um zu opfern und zu erfahren, was zu tun ist. Jetzt steht er vor ihnen, schmutzig, ausgezehrt, mit verfilztem Haar. In seiner Hand hält er ein ... eine ... Die Jäger drängen näher, um genauer zu sehen. Eine Figur ist es, aus Stein, bemalt mit der heiligen roten Farbe, von der auch der Schamane bedeckt ist. Einer der Jäger glaubt, in dem behauenen, kaum daumenlangen Stein ein Abbild eines männlichen Geschlechtsteils zu erkennen. Oder soll es doch, wie sein Nebenmann glaubt, eine sitzende Frau darstellen? Mit einer herrischen Geste gebietet der Schamane Schweigen. Jetzt, denken sie, jetzt wird er sprechen und alles erklären. Doch der Schamane bleibt stumm, deutet nur auf einen Mann, dann auf eine Frau, dann auf die Figur. Jetzt erst, im Moment des Entsetzens, verstehen die Jäger: Der Schamane wird nie wieder zu ihnen sprechen. Seine Stimme ist es, die die ewig schweigende Erdmutter als Opfer gefordert hat. Erst danach hat sie ihm die Kraft und Weisheit gegeben, männliches und weibliches Prinzip für alle Zeiten in dieser Statuette wieder zu vereinen. Der Schamane steckt die Figur in den Lehm am Höhleneingang, bestreut sie und ihre Umgebung mit dem heiligen

Rot. Dieser Bereich soll künftig dem Diesseits entzogen sein – sichtbar für alle und doch Teil der anderen Welt. Wenn niemand dieses Gleichgewicht stört, dann – das begreifen die Jäger, auch ohne daß der Schamane es ihnen erklärt – dann werden auch die Mammuts wiederkehren, dann wird auch ihre Sippe eine Zukunft haben.

Noch lange, nachdem alle anderen gegangen sind, sitzt einer der Jäger auf einem Stein vor der Höhle. Er denkt nach: Der Vater des Vaters seines Vaters hat ihm, als er noch ein Kind war, von dem großen Zauber erzählt, mit dem ein Schamane vor vielen Jahren den Stamm schon einmal gerettet hatte: Die Knochen eines jungen Mammuts seien damals mit dem heiligen Rot bemalt worden – und kurz darauf seien die Herden tatsächlich wiedergekommen. Der Jäger blickt nach Süden, dort, wo am Horizont die mächtige Eisbarriere in der Sonne glitzert. Dort ist noch nie jemand aus seinem Stamm gewesen, so weit jenseits des großen Flusses. Einmal ist er dem Fluß in Richtung des Sonnenaufgangs gefolgt, viele Tage lang ... Aber was ist das? Eine Staubwolke? Dort unten, sie kommt näher ... Und dann hört der Jäger das Dröhnen Hunderter massiger Beine auf dem trockenen Boden, erkennt Stoßzähne, Rüssel, die riesigen, fellbedeckten Körper der Mammuts.

Im Anfang war das Eis. Vor 20 000 Jahren hätte eine Fahrt nach Süden schon kurz hinter der Münchner Stadtgrenze vor einer riesigen Eisbarriere geendet. Von München konnte damals freilich noch keine Rede sein, von keiner Stadt, keinem Dorf, keinem Gehöft. Die wenigen Menschen, die in der ihnen wohl endlos erscheinenden Tundra lebten, bauten sich Zelte und einfache Hütten zum Schutz vor Wind und Wetter. Manchmal, seltener als landläufig vermutet, suchten sie auch Höhlen auf, wohnten dort aber zumeist im Bereich der Höhleneingänge.

Eine solche altsteinzeitliche Station sind die „Weinberghöhlen" oberhalb des Dorfs Mauern bei Neuburg an der Donau. Bereits 1937 war dort eine Grabung veranstaltet worden – mit so zweifelhaftem Ertrag, daß heutige Forscher mit der Deutung der alten Fundberichte ihre liebe Not haben. So ist noch nicht abschließend geklärt, ob es sich bei den Mammutknochen aus den Weinberghöhlen um eine „kultische Bestattung" der Jagdbeute oder schlicht um die Überreste einer reichhaltigen Mahlzeit handelt.

Gegraben wurde in den Weinberghöhlen auch in den ersten Nachkriegsjahren. Dabei gelang den Wissenschaftlern ein aufsehenerregender Fund: die 7,2 Zentimeter große Statuette einer Frau, die – aus anderem Blickwinkel betrachtet – aber auch an ein männliches Geschlechtsteil erinnert. „Zweigeschlechtlich", sagen die Forscher und weisen das mit rotem Ocker bemalte, zwischen 20 000 und 27 000 Jahre alte Kalksteinfigürchen dem Bereich des Kultischen zu. „Die Rote von Mauern", so der Spitzname der Figur, kann heute in der Prähistorischen Staatssammlung in München besichtigt werden. Ähnliche, allerdings eindeutig „weibliche" Statuetten aus derselben Epoche, der „Gravettien"-Kulturstufe, wurden in dem riesigen Gebiet zwischen Spanien und Sibirien gefunden. Bekannteste Vertreterin ist wahrscheinlich die in der österreichischen

10

Wachau ebenfalls direkt an der Donau gefundene „Venus von Willendorf".

Als ein unbekannter Eiszeitkünstler die Kultstatuette von Mauern fertigte, lebten Menschen schon seit mindestens 100 000 Jahren im heutigen Oberbayern. Bekanntester Vertreter dieser frühen Bayern: der Neandertaler. Alte Darstellungen und billige Filme lassen den Neandertaler in der Regel als kaum des Grunzens mächtigen Halbaffen erscheinen – das Gegenteil aber ist richtig: Der „Homo sapiens neandertalensis" war ein hochentwickelter Verwandter der modernen Menschen, der Stein und Knochen meisterhaft zu bearbeiten wußte. Auch in der Weinberghöhle bei Mauern wurden handwerkliche Erzeugnisse des Neandertalers gefunden, darunter zahlreiche messerscharfe „Blattspitzen" aus Feuerstein weit im Inneren der Höhlen. Möglicherweise hatte auch dieses Depot kultische Bedeutung. Daß der Neandertaler an irgendeine Form des Weiterlebens nach dem Tod glaubte, gilt als sicher: Als erster vorgeschichtlicher Mensch bestattete er nämlich seine Toten.

Vor etwa 40 000 Jahren wanderten in Mitteleuropa nahe Verwandte der Neandertaler ein, unsere direkten Vorfahren. Neueste Forschungen geben Anlaß zu der Vermutung, daß die Urheimat des „Homo sapiens sapiens" in Afrika lag. Die Neuankömmlinge verdrängten wohl auch aufgrund ihrer handwerklichen Überlegenheit die alteingesessenen Neandertaler – oder vermischten sich mit ihnen. Sie waren die Schöpfer solch großartiger Kunstwerke wie der südfranzösischen Höhlenmalereien oder der süddeutschen Stein- und Elfenbeinfiguren.

11

Diese frühe Kunst war indes kein Selbstzweck – sie ist durchweg dem Bereich des Mystisch-Magisch-Religiösen zuzurechnen. Freilich haben die Forscher mittlerweile erkannt, daß Gleichungen wie „abgebildete Wildpferde = Bitte um Jagdglück", „dicke Frauenstatue = Fruchtbarkeitszauber" so einfach nicht aufgehen. Die kultischen Zusammenhänge waren viel komplexer, sie vollständig zu entschlüsseln wird aber kaum jemals möglich sein. Man kann, wie dies einige Wissenschaftler machen, Parallelen zu Symbolen und Riten heutiger Naturvölker ziehen; man kann darüber hinaus versuchen, die Erzeugnisse der frühen Kunst selbst wie eine prähistorische Schriftquelle zu lesen; und man kann – was wir in dieser und anderen Episoden dieses Buchs tun – versuchen, mit Phantasie und Hintergrundinformationen an den alten Orten längst vergangene Zeiten wieder lebendig werden zu lassen ...

Das Höhlenlabyrinth der Eiszeitjäger

Idyllisch: So wird wohl jeder, der an einem sonnigen Frühlingstag von Mauern hinauf zu den schon von weitem sichtbaren Höhlen steigt, diesen Platz beschreiben. Im Talgrund plätschert ein Bach. Zwischen Wacholderbüschen geht es über Trockenhänge zum Fundort der „Roten von Mauern". Die Höhlen, größtenteils durch Gitter versperrt und so vor Vandalen und Raubgräbern geschützt, sind untereinander zu einem regelrechten Labyrinth verbunden. Sie öffnen sich nach Südosten

12

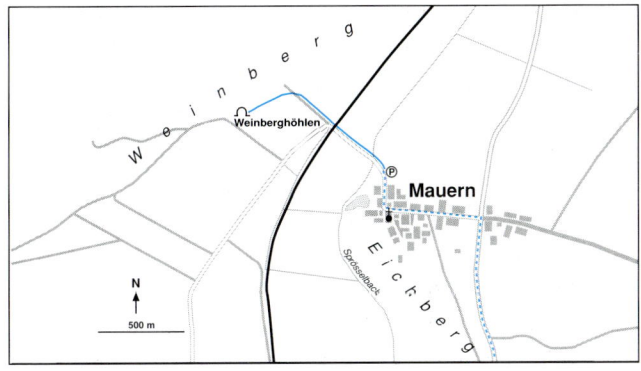

und erlauben einen weiten Blick hinaus in die Ebene und zur Donau. Am Ufer des Flusses haben seit Jahrtausenden immer wieder Menschen gesiedelt. Da ist jenseits der Donau der Römerberg – gekrönt von einem trotz seines Namens noch viel älteren Ringwall, der offensichtlich auch einen alten Kultplatz einschloß. Zwei Kilometer weiter der Flachsberg mit seinen vorgeschichtlichen Grabhügeln, seinem mittelalterlichen Burgstall und der tausendjährigen Ruine der „Kaiserburg". Weiter nach Osten geht der Blick zum Burgholz: auch hier eine Ruine, ein Ringwall, Hügelgräber ... und eine Befestigung aus spätrömischer Zeit, ein sogenannter „Burgus". Schließlich die Stadt Neuburg an der Donau mit ihrem mächtigen Schloß. Hier stand schon in keltisch-römischer Zeit die Festung Venaxamodurum. 2000 Jahre ist es her, daß die römischen Caesaren über diese Gegend

Seit Jahrtausenden siedeln Menschen an den Ufern der Donau.

herrschten – aber mehr als zehnmal so alt sind die archäologischen Schichten in den Weinberghöhlen, aus denen Forscher vor 49 Jahren die „Rote von Mauern" bargen.

K U R Z I N F O S

Besichtigungs-ziel	Die „Weinberghöhlen", ein Kult- und Wohnplatz aus der Altsteinzeit.
Dauer	Von Mauern zu den Weinberghöhlen etwa zehn Minuten Fußmarsch; Spaziergang mit archäologischer Rundfahrt – siehe „Weitere Tips" – kombinierbar (dann Tagestour).
Anfahrt	Von München mit Auto oder Bahn (über Ingolstadt oder – ohne Umsteigen – über Donauwörth) nach Neuburg an der Donau; von hier aus weiter mit dem Auto oder Fahrrad auf der B 16 (Richtung Ingolstadt) über die Donau, dann nach links abbiegen (Richtung Rennertshofen); über Riedensheim nach Hatzenhofen; rechts ins Urstromtal der Donau (hier floß sie vor 700 000 Jahren) abbiegen und vorbei an Treidelheim nach Mauern; durch den Ort bis zur Bahnlinie, dort Auto (oder Fahrrad) abstellen.
Wegbeschrei-bung	Zu Fuß bergauf zu den gut sichtbaren Weinberghöhlen.
Besonder-heiten	Auch für kleine Kinder geeignet (Wiesen); Infotafel vor den Höhlen.

W E I T E R E   T I P S :

Im Anschluß an eine Besichtigung der Weinberghöhlen kann man mit dem Auto folgende archäologische Rundfahrt entlang der Donau unternehmen:

Ringwall „Stettenberg": Über Rennertshofen vorbei an Bertoldsheim Richtung Burgheim; nach links auf die B 16 abbiegen (Richtung Neuburg); nach Unterhausen, dort die Keltenstraße nach Westen, dann nach Norden, kurz vor dem Ortsende wieder nach Westen; zu Fuß auf dem Weg bis zu der Stelle, an der er dem Wald am nächsten kommt; rechts zum Wald und am Waldrand links; bei der nächsten Weggabelung halbrechts in den Wald hinein, dann geradeaus zur Ringwallanlage auf dem „Römer-" oder „Stettenberg".

Römisches Kleinkastell („Burgus"): Vom Stettenberg zurück nach Unterhausen; auf der B 16 über Oberhausen bis zu den Kasernen im nächsten Waldstück; gegenüber der Kaserneneinfahrt links Waldweg; Auto abstellen; zu Fuß auf dem Waldweg über die nächste Wegkreuzung hinaus zum römischen Burgus (etwa 200 Meter).

Ruine „Alte Burg": Dann zu Fuß zurück zur Wegkreuzung und rechts abbiegen; nach 100 Metern rechter Hand kleiner Ringwall, nach weiteren 100 Metern das mächtige Wall-Graben-System der „Alten Burg", einer um 1000 erbauten und 1386 zerstörten Wehranlage.

Vorgeschichtsmuseum: Zurück zum Auto und nach Neuburg; dort Vorgeschichtsmuseum (Telefon 0 84 31/88 97).

15

2 Die Roseninsel

Steinzeitstätten am Starnberger See

Seit gut 100 Jahren erst hat das kleine Eiland im Starnberger See seinen Namen: Roseninsel. Damals trafen sich hier, umwölkt vom Duft Tausender Rosen, die Wittelsbachersprößlinge „Kini" Ludwig II. und „Sisi" von Österreich. Doch die Geschichte der Insel und des Sees reicht viel weiter zurück: Schon in der Jungsteinzeit vor 5000 Jahren errichteten frühe Siedler hier ihre Pfahlbauten.

Die Männer sind mit ihren Einbäumen draußen auf dem See. Dennoch herrscht in der Siedlung reges Leben zwischen den kleinen, aber massiven Häusern aus Holz, Lehm und Schilf. Während die Frauen die Frühjahrssaat vorbereiten – angebaut werden Einkorn, Gerste, Emmer, Lein, Mohn –, hüten die etwas älteren Kinder die Ziegen und Schweine. Dazwischen laufen struppige Hunde herum; nur in Ausnahmefällen dienen sie als kulinarische Notration ... Im Mittelpunkt des Dorfes steht das heilige Haus. Von außen unterscheidet es sich kaum von den Wohnhütten. Aber im Inneren: Bemalte Tonbuckel schmücken die Wände – die Brüste der Göttin, der großen Mutter. Plötzlich Aufregung im Dorf:

16

Ein Mann mit Fellmütze und Fellmantel, Pelzhose und Leder-schuhen nähert sich der Palisade. Über der Schulter trägt er einen Grasumhang. Ein merkwürdiges Tier mit länglichem Kopf, strup-piger Mähne und langem Schweif, das die Dorfbewohner noch nie gesehen haben, führt der Mann mit sich. Er sei ein Händler aus dem Süden, sagt der Mann in einem seltsam fremdländischen Dialekt. Und dann breitet er auf einem Stück Fell die Dinge aus, die er auf seinem Lasttier mitgebracht hat. Ein auffallend geform-ter länglicher Gegenstand erregt das Staunen der Dorfbewohner besonders: Er hat eine scharfe Schneide und schimmert im Sonnenlicht. Daß das ein Beil ist, erkennen die Frauen sofort. Aber was ist das für ein Material? Es sei Kupfer, sagt der Händler. Und als ihn die Frauen verständnislos anschauen, versucht er zu er-klären: In den Bergen im Süden finde man an den Felsen oft grün-liche oder bläuliche Streifen. Diese könne man abkratzen, das ge-wonnene Material schmelzen und in eine Form gießen. Dann müsse man noch ... Allmählich wird den Frauen klar, daß das Beil wohl recht teuer werden wird. Der Händler hat auch schon etwas von fünf Ziegen gemurmelt. Aber bald werden die Männer vom Fischen zurück sein, und die werden – egal, was es kostet – das neue Beil ganz bestimmt haben wollen.

Unsere Episode mit dem Händler am Starnberger (früher Würm-) See spielt am Ende der Jungsteinzeit, als erste Metall-gegenstände auch in das heutige Oberbayern gelangten. Eigentlich aber beginnt die Geschichte bereits Jahrtausende

früher: Der kilometerdicke Eispanzer der vorerst letzten, sogenannten Würm-Eiszeit hatte alles Leben, das es zuvor sicher
auch im Alpenvorland gegeben hatte, zugedeckt, ausgelöscht.
Als sich dann vor 10000 Jahren die Gletscher allmählich zurück-
zogen, war die Landschaft nicht mehr dieselbe. Gletscher-
zungen hatten tiefe, langgezogene Mulden ausgeschoben, die
sich nun mit Wasser füllten. Die Vegetation kam zurück, die
Tiere, schließlich die Menschen.

Auch am Starnberger See ließ sich eine Gruppe von Siedlern nieder. Woher sie kamen, wissen wir nicht. Wahrscheinlich wußten
auch sie selbst es nicht genau. Vermutlich waren ihre Vorfahren
Jahrtausende früher aus dem Vorderen Orient ein- und die Donau entlanggewandert. Irgendwann hatte ihre Wanderung angesichts der eisbedeckten Barriere der Alpen ein Ende. Hier
konnte man bleiben: Der Siedlungsplatz war sonnig, der See
voller Fische, der Wald voller Tiere – und Pflanzen anbauen
konnte man auch. Denn das war das Neue, Revolutionäre, was
die kleinasiatischen Kolonisten mitgebracht hatten: den
Ackerbau. Um am Leben zu bleiben, war die Sippe nun nicht
mehr allein auf das wechselhafte Jagd- und Sammelglück angewiesen; die Nahrung wurde jetzt zum Teil selbst produziert. Sicher, auch dabei hatte die Natur noch immer das letzte Wort,
und diese Natur folgte dem „weiblichen" Prinzip von Geburt,
Wachstum, Tod und Wiederkehr. Die Stellung der Frau im My-
thos, im Kult, aber auch im täglichen Leben wurde immer
wichtiger; gleichzeitig verloren die männlichen Jäger ihre für
das Überleben der Sippe entscheidende Position. Über das

Leben der Menschen wachte die „Große Göttin" in ihrer Dreigestalt als jugendliche, reife und alte Frau.

Das alles hat freilich erst die moderne Forschung herausgefunden. Im Starnberger See waren 1984 auf einem Luftbild Reste einer vorgeschichtlichen Siedlung in fünf Metern Wassertiefe entdeckt worden. Die bei Tauchgängen geborgenen Holzfunde konnten inzwischen auf etwa 3700 vor Christus datiert werden. Auch verzierte Tonscherben und ein Kupferbeil fanden die Archäologen. Sie haben auch versucht, die ersten Menschen, die sich vor 5700 Jahren am Starnberger See niederließen, zu beschreiben. Ein paar Keramikscherben, zahlreiche Pfahlstümpfe im Seeboden, ein Beil aus Kupfer zeigen den Wissenschaftlern, daß die erste Siedlung am Starnberger See wohl der „Altheimer Kultur" angehörte und Einflüssen der „Pfyner Kultur" ausgesetzt war. Zunächst einmal sagt das freilich ebensowenig, wie es dem prähistorischen Starnberger gesagt hätte. Und damit ist das nächste Problem bereits angerissen: Wir wissen weder, wie sich die prähistorischen Menschen nannten, noch, in welcher Sprache sie sich unterhielten.

Aus späteren Epochen, etwa dem keltischen Jahrtausend, haben uns römische und griechische Autoren Berichte über ihre „barbarischen" Nachbarn überliefert. Als sich aber die ersten Siedler am Starnberger See niederließen, lebten die einzigen Menschen, die des Schreibens mächtig waren, an den Ufern des Nil, des Euphrat und Tigris. Für unsere Rekonstruktion sind wir also auf die Ergebnisse der Archäologie angewiesen. Und die hat herausgefunden, daß auch die vorgeschichtlichen Bewohner

Europas Visitenkarten hinterließen – die Überreste ihrer Siedlungen, die Scherben ihrer Tongefäße. Deren Vergleich führt zu der überraschenden Einsicht: Unsere frühen Starnberger waren alles andere als Hinterwäldler. Sie hatten offenbar weitreichende Handels- und damit Kulturkontakte. Einen weitgereisten Menschen aus jener Epoche, die die Wissenschaftler Jungsteinzeit oder Neolithikum nennen, kennt mittlerweile fast jedes Kind: „Ötzi", den Gletschermann vom Hauslabjoch. Alle paar Wochen stoßen die mit ihm beschäftigten Forscher auf neue Informationen aus jener über 5000 Jahre zurückliegenden Zeit.

In unserer Episode kündigt sich bereits eine neue „Revolution" an: Das Metall kam. Und damit Besitz, Streit, Krieg. Der Status der Männer im Leben der Sippe wuchs wieder – und die Frauen hatten diese Entwicklung unwissentlich gefördert. Während sie

die Felder bestellten, hatten die Männer zunehmend Zeit, sich um den Erwerb von Besitz zu kümmern. Außerdem wuchs dank der gesicherten Ernährungslage die Bevölkerung. Die Folge beider Entwicklungen: zunehmende Rivalitäten, bewaffnete Auseinandersetzungen. Der Mann wurde zum Krieger – der Fortbestand der Sippe hing jetzt wieder stark von ihm ab. Damit änderte sich auch das Wesen der Kultur. Und so ist es fast kein Wunder, daß die Wissenschaft bis vor einigen Jahren den Begriff „Streitaxt-Kultur" benutzte, wenn sie von den Menschen sprach, die rund tausend Jahre nach den ersten Starnbergern auch in dieser Region lebten. Heute bevorzugen die Forscher den weniger martialischen Begriff „Schnurkeramiker", der sich auf die typischen Verzierungen von Tongefäßen dieser Kultur bezieht. Von diesen die Streitaxt schwingenden Schnurkeramikern allerdings glaubt man nun zu wissen, welche Art Sprache sie benutzten. Sie waren, vermuten Prähistoriker, frühe Indoeuropäer und damit in sprachlicher Hinsicht unsere direkten Vorfahren. Zur indoeuropäischen Sprachfamilie gehören auf den ersten Blick so verschiedenartige und doch verwandte Sprachen wie das Indische, das Lateinische, das Slawische und das Deutsche. So heißt „Vater" auf lateinisch „pater", griechisch „pater", altindisch „pitar". Wie ein „Schnurkeramiker" seinen Vater anredete, wissen wir nicht. Daß er aber zur großen indoeuropäischen Sprachfamilie gehörte, gilt inzwischen als gesichert. Jahrhunderte zuvor waren auch die ersten Indoeuropäer aus ihren Stammgebieten (irgendwo zwischen Ostmitteleuropa und der südrussischen Steppe) aufgebrochen und nun dabei, den riesigen Raum zwischen Irland und Indien sprachlich und kulturell mitzuprägen. Durch das Nebeneinander verschiedener Kulturen und Völker entstand ganz selbstverständlich das, was wir heute eine „multikulturelle Gesellschaft" nennen würden. So auch am Starnberger See.

Mit der Plätte zu den Pfahlbauten

Ein Dorf der frühen Siedler lag auf einer Insel unweit des Westufers, der heutigen Roseninsel. Lange Pfähle waren in den weichen Untergrund des Seeufers getrieben worden, darüber Baumstämme auf den Boden gelegt, mit Lehm verstrichen, massive Holzwände errichtet. 4500 Jahre später glaubten Wissenschaftler, die an vielen europäischen Seen diese Überreste entdeckten, zunächst, die „Pfahlbauten" seien wie auf Stelzen im offenen Wasser gestanden. Doch die sogenannten „Pfahlbauten" bildeten in Wirklichkeit Uferrandsiedlungen, die langen Pfähle dienten der Stabilisierung des weichen Untergrunds und zum Schutz vor Hochwasser. Geschützt war die Siedlung im Starnberger See durch ihre Insellage, zumal sich die Holzbrücke zum Festland bei Gefahr rasch abreißen ließ.

Die Pfahlbauten standen nicht im offenen Wasser.

Als Mittelpunkt einer jungsteinzeitlichen Pfahlbausiedlung ist die Roseninsel bei Feldafing ein lohnendes Ziel für einen archäologischen Spaziergang. Auch heute noch wie vor 5000 Jahren erreicht man die Insel nur mit dem Ruderboot. Fährmann

Vor 5000 Jahren

Norbert Pohlus setzt Besucher samstags von 13 bis 18 Uhr, sonn- und feiertags von 10 Uhr an zur Insel über (aber nur von Frühling bis Herbst und nur bei gutem Wetter) – in einem langen, flachen Kahn, einer sogenannten Plätte. Während der Überfahrt erzählt Pohlus Geschichten aus der Geschichte der Insel. Und während man sanft dahingleitet, kann man sich zurückdenken in längst vergangene Zeiten. Ein Einbaum, bemannt mit bärtigen, pelzbekleideten Männern auf Fischfang, der plötzlich aus dem dichten Schilfgürtel auftaucht, würde einen nicht mehr so sehr überraschen. Nach wenigen Minuten ist die Insel erreicht, ein kleines, stilles Eiland, bewachsen mit jahrhundertealten Bäumen, umgeben von raschelndem Schilf und glasklarem Wasser. Direkt an der Anlegestelle beginnt ein historischer Rundweg. Handfeste Informationen gibt es auf sieben Schautafeln. Der Besucher erfährt dann, daß neben dem Menschen der Jungsteinzeit später auch bronzezeitliche Siedler, Kelten und Römer die Insel bewohnten; daß an windstillen Tagen, wenn der See wenig Wasser hat, im Seegrund rund um die Wörth noch Pfähle und Palisaden auszumachen sind; daß Funde von der Roseninsel (darunter eine bronzezeitliche Hirschgeweih-Scheibe, die Gießform für ein prähistorisches Beil, ein Trensenknebel aus Knochen usw.) in der Prähistorischen Staatssammlung in München aufbewahrt werden. Noch nicht auf den Tafeln erwähnt ist der 1986 vor der Insel entdeckte und 1989 gehobene 13 Meter lange Einbaum. Den Wissenschaftlern ist es mittlerweile gelungen, ihn zu datieren: Er stammt aus der

Auch Kelten und Römer lebten auf der Roseninsel.

24

Bronzezeit und ist damit fast 3000 Jahre alt – Bayerns ältestes Boot.

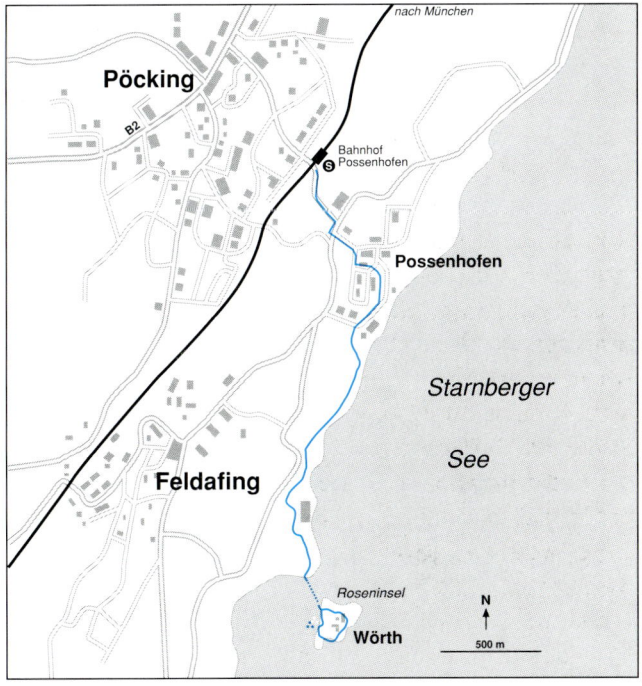

K U R Z I N F O S

Besichtigungs- ziel	Die seit der Jungsteinzeit besiedelte Roseninsel mit historischen Schautafeln und Pfahlbauresten im Flachwasser.
Dauer	Mit Übersetzen etwa drei Stunden (beliebig verlängerbar).
Anfahrt	Von München aus S-Bahn S 6 (Possenhofen); mit dem Auto von München aus über Starn-berg bis nach Possenhofen.
Wegbeschrei- bung	Durch den Ort Possenhofen und durch die Parklandschaft zum Seeufer; dann am Ufer entlang bis zur Anlegestelle der Plätte südlich des Schlosses, direkt gegenüber der Rosen-insel; auf der Insel aus-geschilderter Rundweg.
Besonder- heiten	Überfahrt mit einer Plätte; Spaziergang auch für kleine Kinder geeignet; Funde in der Prähistorischen Staatssammlung München (Telefon 0 89/29 39 11).

3

Die Birg am Kochelsee

Eine Wallanlage aus der Zeit der Urnenfelderwanderung

Ein steilaufragender, bewaldeter Hügel, eingerahmt von einer eindrucksvollen Bergkulisse: So präsentiert sich dem Wanderer auf einem Weg am Südufer des Kochelsees die vorgeschichtliche Wallanlage der Birg. Schon vor 3200 Jahren nutzten Menschen die exponierte Lage dieser natürlichen Festung. Denn sie lebten in unruhigen Zeiten ...

Angestrengt blickt der Wächter nach Norden. Irgendwo dort, das hat ein durchreisender Bernsteinhändler vor wenigen Tagen berichtet, sammeln sich große Scharen schwerbewaffneter Krieger, um mit Sack und Pack, mit Frau und Kind nach Süden zu ziehen. Und ihr Weg könnte sie durchaus an der hochaufragenden Wehranlage am Südufer des Kochelsees vorbeiführen. Denn wenn die Händler den Weg kennen, kennen ihn die Anführer der Wanderstämme auch ... Für die Bewohner des Gebiets am Nordrand der Berge haben solche Meldungen freilich etwas von ihrem Neuigkeitswert eingebüßt. Fremde Stämme, mal friedlich, mal plündernd, mal mit Familie, mal als reine Kriegerscharen, auf

27

dem Weg nach Süden – das erleben die Bauern rund um den Kochelsee schon seit einigen Jahren. Warum immer mehr Stämme in Bewegung kommen, wissen sie nicht. Und es wäre ihnen wohl auch egal, würden all diese Fremden friedlich vorbeiziehen und, wenn sie es wollten, ihr Glück im Süden versuchen, von dem durchreisende Kaufleute ja wahre Wundergeschichten zu erzählen wissen. Leider aber war es schon zu Plünderungen gekommen, fremdes Eigentum und Leben zählten offenbar nicht viel bei diesen fremden Kriegern. Und so sind die Hochlandbauern froh, daß sie sich bei Gefahr hinter die dicken Mauern und Wälle der Bergfestung zurückziehen können, die vor Jahrhunderten ihre Vorfahren auf Befehl des Stammesfürsten errichtet hatten, die in friedlicheren Zeiten als Wegstation für Reisende und Händler diente und die sie angesichts der akuten Bedrohung wieder verstärkt haben. Die zerbröckelnden Mauern haben sie ausgebessert. Anstelle der einfachen Hütten der Ahnen haben die Menschen massive Blockhäuser mit richtigen Steinfundamenten gebaut. Die Fugen der Blockhäuser sind mit Lehm abgedichtet; einige haben sogar im Inneren einen Wandbewurf aus Lehm. Ein bißchen viel Aufwand, denkt der Wächter. Schließlich soll die „Birg" ja keine feste Bleibe sein. Da findet der Bewaffnete es schon viel wichtiger, daß sich ein Schmied auf der Birg angesiedelt hat; neben seiner Werkstatt kann er sogar Bronze verhütten. Sollten wir belagert werden, könnten wir also sogar neue Waffen herstellen, denkt sich der Wächter. Jedenfalls wissen die Bauern jetzt, wohin sie bei Gefahr können: mit dem Boot über den See, zu Fuß oder im Karren auf den alten Wegen am Ostufer entlang und dann auf den

*hohen, nach drei Seiten abfallenden Felsen am Südufer des Sees
und dort – vielleicht mit einem Blick auf die brennenden Gehöfte
im Tal – abwarten, bis sich der Sturm verzogen hat.*

Mehr als bei anderen Episoden in diesem Buch muß man die
Phantasie zu Hilfe nehmen, um sich ein Bild von den Ereignissen
zu machen, die sich vor 3200 Jahren am Kochelsee abgespielt
haben könnten. Die Archäologen sind sich nämlich nicht ganz
einig, ob die Wallanlage der „Birg" in erster Linie Wegstation an
einer Fernstraße von der Isar ins Inntal oder Fliehburg in unsi-
cheren Zeiten war – oder beides. Denn unsicher waren die
Zeiten während der sogenannten „Urnenfelderwanderung".
Daß allerdings ganze Völker auf Wanderschaft gingen, wollen
vorsichtige Archäologen nicht so gerne schlußfolgern. Sie halten sich an ihr Metier – Tonscherben, Bodenfunde – und stellen
fest: Vor 3200 Jahren breitete sich eine neue, zuvor relativ sel-
tene Bestattungsart schnell über große Teile Süd- und Mit-
teleuropas aus. Tote wurden jetzt nicht mehr in großen Grabhügeln bestattet, sondern in der Regel verbrannt und in Tonurnen
beigesetzt. Das gab dieser Zivilisation ihren Namen: Urnenfelderkultur. Dabei gab es offenbar auch Übergangsphasen: So
kennt die Wissenschaft eine Gruppe von Gräbern aus dem Landkreis Weilheim-Schongau, in denen die Toten zwar unter
Hügeln, aber eingeäschert beigesetzt wurden.
Die Bevölkerung blieb also im wesentlichen die gleiche, sagen
die Archäologen. Dennoch kommen aber auch sie nicht umhin,

einen schwerwiegenden Traditionsbruch festzustellen. Neue Handelswege könnten die bis dahin wohlgeordnete und von weitreichenden wirtschaftlichen Verbindungen geprägte bronzezeitliche Welt in Unruhe versetzt haben, kriegerische Ereignisse eingeschlossen.

Vielleicht aber war das noch nicht alles. Denn um das Jahr 1200 vor Christus änderten sich eben nicht allein die mitteleuropäischen Bestattungsbräuche. Es war eine Zeit, in der ein Großteil der damals im Mittelmeerraum bereits existierenden Staatenwelt in Trümmer fiel. Für die Rekonstruktion dieser Ereignisse sind wir nicht mehr nur auf die Ergebnisse der Spatenforschung angewiesen, sondern können auf Schriftquellen zurückgreifen. Eine dieser Quellen ist, zumindest in groben Zügen, allgemein bekannt: die Geschichte vom Trojanischen Krieg. Sie besagt im wesentlichen: Altgriechische Fürsten (die „Achäer") belagerten und zerstörten die kleinasiatische Handelsstadt Troja, mußten aber bei ihrer Heimkehr feststellen, daß sich Fremde in ihren Palästen breitgemacht haben. Gleichzeitig zerfiel das kleinasiatische Reich der Hethiter unter dem Ansturm fremder Stämme. Die sogenannten „Seevölker" zogen weiter durch den Vorderen Orient. Ein Teil von ihnen ließ sich dort nieder – die aus der Bibel bekannten Philister. Im ersten Buch Samuel ist die Ausrüstung des berühmtesten Philister-Kriegers, Goliath, beschrieben – und seine Waffen sind die eines urnenfelderzeitlichen Recken: „Auf seinem Kopf hatte er einen Helm aus Bronze, und er trug einen Schuppenpanzer aus Bronze. Er hatte bronzene Schienen an den Beinen, und zwischen seinen Schultern hing ein Sichelschwert aus Bronze. Der Schaft seines Speeres war wie ein Weberbaum, und die eiserne Speerspitze wog sechshundert Schekel."

Was aber hat das alles mit der urnenfelderzeitlichen Wehranlage Birg am Kochelsee zu tun? Einige Forscher sehen in den großen Völkerbewegungen, die um 1200 vor Christus den Mittelmeerraum durcheinanderbringen, die Endpunkte einer Entwicklung, die in Mitteleuropa beginnt und – Zufall oder nicht – zeitlich mit dem Auftreten der Urnenfelderkultur in unserem Gebiet zusammenfällt. Vielleicht kann man von einer Art Schneeballeffekt sprechen: Stämme (oder Teile davon) setzten sich in Bewegung, stießen auf benachbarte Stämme, bekämpften sie, rissen sie mit; diese wiederum brachen auf... Und so weiter. Führt man sich dann noch vor Augen, daß spätere Völkerwanderungen mitteleuropäische Kelten bis in die heutige Türkei und skandinavische Vandalen nach Nordafrika führten, dann ist die Vorstellung von einer großen Völkerwanderung um 1200 vor Christus auf einmal gar nicht mehr so exotisch.

Zurück ins Alpenvorland. Was wissen wir über die Menschen, die rund um die Birg wohnten? Vermutlich sprachen sie einen indoeuropäischen Dialekt, vielleicht eine Vorform des Keltischen. Die Gesellschaft wurde von Kriegern dominiert. „Mann" versuchte, mit dem Schwert Eindruck zu machen; viele der von Archäologen gefundenen Schwerter dienten tatsächlich ausschließlich der Repräsentation und weisen keine Benutzungsspuren auf. Wer noch höher gestellt war, hatte einen Wagen als Statussymbol – und ließ sich zusammen mit seinem

Gefährt bestatten. Zwei dieser urnenfelderzeitlichen Wagengräber wurden in Poing (Landkreis Ebersberg) und Hart an der Alz (Landkreis Altötting) gefunden.

Ein Felsenpfad in die Vorzeit

Die Phantasie erhält reiche Nahrung, wenn man den Felsenpfad am Südufer des Kochelsees begeht. Tief unten liegt die Wasserfläche. In einiger Entfernung sieht der Wanderer die Birg aufragen. Er kann sich vorstellen, wie am Nordostufer des Sees, wo heute der Ort Kochel liegt, Einbäume beladen und über den See gerudert werden. Unterhalb der Birg gibt es eine flache Bucht, einen natürlichen Hafen. Es fällt leicht, sich in eine längst vergangene Epoche hineinzudenken, als Menschen hinter den heute im dichten Wald verborgenen Wällen der Birg Zuflucht suchten. Der Wanderer stellt sich vor, wie es wäre, selbst einer dieser Schutzsuchenden zu sein, unterwegs auf einem Felsensteig, auf der Flucht vor wandernden Kriegerstämmen.

Grabungen und Zufallsfunde auf der unzugänglichen Birg seit 1911 erbrachten zahlreiche Gefäßbruchstücke, Mahlsteine, Webstuhlgewichte und – angeblich – einen Bronzedolch, der aber verschollen ist. Außerdem gaben die Ausgrabungen Hinweise darauf, wie die Menschen auf der Birg wohnten. Gefunden wurden nämlich zahlreiche künstlich angeböschte Wohnpodien, zum Teil mit Steinfundamenten, auf denen offenbar aus Baumstämmen zusammengefügte Blockhäuser standen. Ebenso fand man Reste des Lehmbewurfs der Hüttenwände; Lehm war auch zum Abdichten der Fugen zwischen den Baumstämmen verwendet worden. Offensichtlich war die Birg also nicht nur eine reine Fliehburg, die man ausschließlich in Zeiten der Gefahr aufsuchte, sondern dauernd besiedelt. Als Wohnsitz einer ackerbautreibenden Bevölkerung kommt der steile, zwischen Bergen, See und Mooren eingezwängte Hügel jedoch nicht in Frage. Denkbar wäre also tatsächlich eine Station an einer Wegverbindung von überörtlicher Bedeutung. So wurde einige Kilometer südlich, bei Hinterriß im Karwendel, ein Bronzeschwert der Urnenfelderzeit gefunden. Der Felsklotz der Birg kontrolliert tatsächlich den steilen Aufstieg über den Kesselberg zum Walchensee. Vielleicht wurde hier sogar Metall verarbeitet: Die Ausgräber fanden jedenfalls auch Schlak-

Die Bewohner der Birg lebten in Blockhäusern.

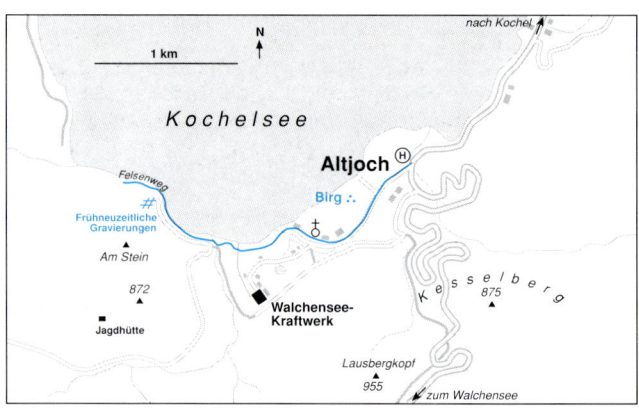

kebrocken und Überreste eines Bronzegußstücks. Daß die vielleicht schon seit der mittleren Bronzezeit befestigte, jedenfalls aber immer wieder aufgesuchte Birg in Krisenzeiten den einheimischen Bauern darüber hinaus als sichere Zuflucht gedient haben könnte, ist durchaus wahrscheinlich.

K U R Z I N F O S

Besichtigungsziel	Felsensteig mit frühneuzeitlichen Gravierungen (Jahreszahl 1668, Kelch, Schere) und Ausblicken auf die mehr als 3000 Jahre alte Hügelfestung Birg über dem Kochelsee.
Dauer	Etwa eineinhalb Stunden (beliebig verlängerbar).
Anfahrt	Von München aus mit dem Auto über die Garmischer Autobahn oder mit dem Zug (Umsteigen in Tutzing) nach Kochel; dort Richtung Walchensee/Mittenwald; am Beginn der Kesselbergstraße (Haltestelle Altjoch der RVO-Buslinie 9608 Richtung Garmisch) rechts Richtung Altjoch abbiegen (rechter Hand ragt die Birg auf); Auto an der Kapelle von Altjoch abstellen.
Wegbeschreibung	Die Birg selbst ist eingezäunt und nicht zu besteigen – ein Wanderweg am Südwestufer des Sees bietet aber schöne Ausblicke auf Birg und Kochelsee: von der Kapelle aus (Birg und See rechts liegenlassen) vorbei an einem Sägewerk über Wiesen zum Felsenweg oberhalb des Sees.

| Besonderheit | Der Weg erfordert ein wenig Trittsicherheit – für kleine Kinder nicht geeignet. |

W EITERE   T IPS :

Ringwall Herrenchiemsee: Eine weitere Befestigung aus der Urnenfelderzeit findet man in unmittelbarer Nähe eines der „Traumschlösser"
Ludwigs II. auf der Herreninsel im Chiemsee. Dort haben sich im Süd-
westen der Insel die mächtigen Wälle einer Wehranlage erhalten.
Anfahrt: Mit dem Zug (stündliche Verbindung München – Prien) oder
mit dem Auto (Autobahn München – Salzburg, Ausfahrt Bernau) nach
Prien am Chiemsee; mit dem Schiff zur Herreninsel.
Wegbeschreibung: Vorbei an den Resten des mittelalterlichen Klosters,
bis man in westlicher Richtung hinter verschiedenen Wirtschaftsgebäuden auf einen die Insel von Nord nach Süd teilenden Fahrweg stößt;
diesem nach Süden folgen (Schloß zunächst links liegen lassen); der
Weg erreicht den Hochwald und biegt dort leicht nach rechts ab; bald
erreicht er das mächtige Wall-Graben-System.

4 Die heilige Quelle am Schneidjoch

Raetische Inschriften in 1600 Meter Höhe

Wer das Schneidjoch südlich des Tegernsees erklimmen will, muß schon Bergerfahrung und Kondition mitbringen. Doch er wird dafür doppelt belohnt: durch die prächtige Bergkulisse des 2196 Meter hohen Guffert – und durch eine heilige Quelle, an der Alpenbewohner vor rund 2400 Jahren Inschriften in den Fels meißelten.

Etwas ratlos stehen die Hirten beisammen. Woher kommt dieser Mann? Was ist das für eine merkwürdige Sprache, die er benutzt? Und was will er überhaupt hier, auf der Hochalm im Schatten des mächtigen Berges? Heute morgen ist der geheimnisvolle Fremde aufgetaucht. Und seither versucht er ebenso eifrig wie erfolglos, den Bergbewohnern etwas mitzuteilen. Die aber verstehen ihn nicht – und umgekehrt. Zum Glück ist einem der Hirten etwas eingefallen: Drunten im Tal, Riviselchu, der Händler, der ist schon so weit in der Welt herumgekommen – vielleicht versteht er die Sprache des Fremden. Zwei der Hirten haben sich auf den Weg gemacht, Stunden ist das schon her ...
„Sie kommen!" In der Einsattelung des Jochs steht einer der Hirten, winkt mit den Armen und deutet aufgeregt den nördlichen

37

Abhang hinunter. Jetzt sehen es die anderen auch: Die beiden Boten kommen zurück. Zwischen ihnen – sie tragen ihn mehr, als daß er selbst geht – Riviselchu, der Händler. Der untersetzte Mann ist hochrot im Gesicht, seinen keuchenden Atem hören die Hirten bis auf die Höhe des Jochs. Oben angekommen, lassen die beiden berggeübten Hirten ihr Opfer erst einmal ins hohe Wollgras fallen. Es dauert Minuten, bis Riviselchu wieder zu Atem gekommen ist. Dann wendet er sich dem Fremden zu.

Die Hirten stoßen sich gegenseitig an. Haben wir es nicht gewußt: Wenn einer fremde Sprachen versteht, dann der dicke Händler. Tatsächlich – er und der Fremde scheinen sich zu unterhalten. Worüber, das bleibt den Hirten zunächst noch verborgen. Sie hören die Worte, aber sie verstehen sie nicht. Allmählich werden sie unruhig. „Riviselchu", unterbricht einer schließlich das Zwiegespräch, „sag schon: Wer ist das? Was will er?" Der Händler gibt dem Fremden ein Zeichen und wendet sich dann den umstehenden Hirten zu. „Dieser Mann kommt aus dem Süden", erzählt er. „Er sagt, er sei ein Priester aus dem Stamm der Arusnates. Seine Göttin wird unter dem Namen ‚Reitia' verehrt. Ihr kennt sie", fügt Riviselchu hinzu. „Bei uns heißt sie die ‚Große Mutter'. Ihr jedenfalls will dieser Fremde gedient haben, in einem Heiligtum weit im Süden, zwischen dem kleinen Meer und der Ebene. Bis, ja bis eines Tages wilde, barbarische Völker aus dem Norden und Westen gekommen seien, das Land verwüstet und besetzt hätten. Na ja, ich habe diese angeblichen Barbaren auf meinen Reisen kennengelernt. So wild sind sie mir nicht erschienen. Im Gegenteil, man kann mit diesen Galliern ganz gut Geschäfte machen.

Und ihr wißt ja, drunten im Nachbartal, keine zwei Tagesmärsche entfernt, hat sich vor kurzem auch eine dieser keltischen Sippen niedergelassen. Habt ihr vielleicht mit ihnen schon einmal Probleme …" – „Riviselchu, zurück zur Sache!" Die Zuhörer des Händlers werden allmählich ungeduldig. Sie wollen endlich wissen, was der fremde Priester hier möchte. – „Also, unserem Freund hier scheinen die Eindringlinge jedenfalls nicht ganz geheuer gewesen zu sein. Vielleicht stimmt es ja auch, was er mir erzählt hat: In der Nacht, bevor die Gallier das Heiligtum gestürmt hätten, sei ihm im Traum die Göttin Reitia erschienen und habe ihn aufgefordert, sich und damit den Glauben an sie in Sicherheit zu bringen. Nach Norden, in die Berge. Ja, und hier ist er nun." – „Ja und? Was will er? Frag ihn!" Die Bergbewohner können sich noch immer keinen rechten Reim auf das alles machen. Riviselchu wendet sich wieder dem Fremden zu, wechselt mit ihm ein paar Worte in dieser merkwürdigen Sprache. Dann sagt er: „Wir sollen ihm folgen. Die Göttin hat ihm im Traum gezeigt, wo er ihr ein neues Heiligtum schaffen soll. Und zwar hier, bei euch, auf der Alm." Würdevoll schreitet der fremde Priester den Abhang hinunter. Riviselchu und die Hirten folgen ihm. Nach etwa zwanzig Minuten wendet sich der Fremde nach links. Zielstrebig, als kenne er die Gegend schon seit langem, geht er auf eine Felswand zu. Mit wenigen Handgriffen schiebt er das üppig wuchernde Grün zur Seite. Zum Vorschein kommt ein Felsspalt. Und aus diesem Spalt klingt leise das Plätschern und Gluckern einer Quelle. Der Priester dreht sich um, spricht ein paar Worte mit Riviselchu. Seine Augen leuchten, als er sich an seine kleine Gemeinde wendet. Und mit *fremdem Akzent, aber in der Sprache der Bergbewohner sagt er zu ihnen: „Ich bin Elvas, der Priester. Und das ist euer neues Heiligtum."*

Die Geschichte von der heiligen Quelle am Berg Guffert, im bayerisch-österreichischen Grenzgebiet südlich des Tegernsees, wurde gleichsam im Zeitraffer erzählt. In ihr sind historische Ereignisse zusammengefaßt, die sich irgendwann um 400 v. Chr. zugetragen haben: die Expansion der Kelten (vgl. das folgende Kapitel), ihr Einfall in Oberitalien, das Verdrängen der oberitalienischen Etrusker. Daß ein Teil dieser Etrusker nach Norden, in die Alpen auswich, überliefern die römischen Autoren Livius und Plinius der Ältere. Moderne Archäologen sind jedoch skeptisch: Eine Masseneinwanderung von Etruskern in den Alpenbogen müßte deutliche Spuren hinterlassen haben. Solche jedoch wurden bisher nicht gefunden – zumindest nicht aus der fraglichen Zeit. Im Gegenteil: Etruskische Kultureinflüsse lassen sich wohl im 6. und 5. Jahrhundert v. Chr. nachweisen, später aber werden sie von keltisch geprägten Strömungen abgelöst. Also: Geschichte wieder streichen, Kapitel schließen?

Ganz so einfach ist es wohl doch nicht. Denn eine Tatsache bleibt buchstäblich in den Fels gehauen: Inschriften in einer Variante des etruskischen Alphabets, eingemeißelt in die Wände einer Quellgrotte unterhalb des Schneidjochs in rund 1600 Meter Höhe. Entdeckt wurde diese einmalige Felsinschrift im Jahr 1957. Seither rätseln die Forscher, was die in Stein gehauenen

Zeilen bedeuten. Das Vertrackte an der Sache: Lesen kann man die Schriftzeichen (sie ähneln dem griechischen Alphabet), aber man versteht sie nicht. Insoweit geht es den modernen Forschern nicht viel anders als den Bergbewohnern in unserer Geschichte. Man weiß nicht einmal, welcher Sprache die Worte entstammen. Etruskisch ist es offenbar nicht. Und wäre es das, wäre damit auch noch nicht sonderlich viel gewonnen. Das Etruskische ist nämlich mit keiner lebenden Sprache verwandt und bis heute noch immer weitgehend unübersetzbar. Heute werden die Inschriften vom Schneidjoch meist als „raetisch" bezeichnet.

Womit man aber schon beim nächsten Problem ist: Wer waren diese Raeter? Woher kamen sie? Welche Sprache(n) benutzten

sie? Mit dem Wort „Raeter" bezeichneten, kurz gesagt, die Römer einen Großteil der Bewohner des Alpenbogens. „Raetien" hieß in der Antike die römische Provinz, die die Nordalpen und das Alpenvorland umfaßte. Und noch heute wird in Teilen der Alpen das „Raetoromanische" gesprochen. Diese Sprache ist jedoch ein Nachkomme des Lateinischen und hilft uns daher bei der Deutung der Schneidjoch-Inschrift auch nicht weiter. Und was die ethnische Zusammensetzung der sogenannten „Raeter" angeht, so gibt es kaum ein im Umkreis der Alpen wohnendes Volk, das nicht schon als Kandidat genannt worden wäre: neben den Etruskern die ebenfalls geheimnisvollen Ligurer, dazu die indogermanischen Kelten, Veneter und Illyrer.

Vielleicht steckt in all diesen Theorien ein zutreffender Kern. Und der könnte so aussehen: Zu einer Urbevölkerung unbekannter Herkunft stießen immer wieder Teile benachbarter Volksstämme und formten so das Volk, das die Römer später „Raeter" nannten. Dabei scheint es sich aber weniger um einen einheitlichen Stamm gehandelt zu haben als um Menschen, die möglicherweise durch einen gemeinsamen Kult, eben die Verehrung einer Göttin „Reitia", verbunden waren. Eine solche Göttin gab es tatsächlich, sie wurde in Oberitalien angerufen.

Jetzt wissen wir also, daß die Inschrift „raetisch" ist und daß das Mischvolk der Raeter irgend etwas mit einer Gottheit „Reitia" zu tun hatte.

Geheimnisvolle Zeichen im Stein

Das Entziffern der Buchstabenkolonnen in 1600 Metern Höhe ist damit aber noch nicht wesentlich leichter geworden. VESIEL-VASAVEKERAKVE etwa ist in der Felsspalte 200 Meter unterhalb des Schneidjochs zu lesen. Ein Wegweiser führt zum Kultplatz. Man hat versucht, die Inschrift zu übersetzen. Eine Deutung lautete: „Elvas hat hier Wasser geschöpft." Andere Wissenschaftler hielten diese Übersetzung für abwegig. Und so kommt es, daß je nach Forscher eine der in den Fels gemeißelten Zeilen entweder als „Wasser ist da" oder als „Das Heiligtum ist hier" gelesen werden kann. Oder vielleicht auch ganz anders …

Die Raeter erfanden die Almwirtschaft. Man muß sich dem Problem also offenbar aus einer anderen Richtung nähern. Da ist zunächst der Ort: abgelegen, an der Grenze zwischen Almwirtschaft (die übrigens von den Raetern entwickelt wurde) und Gebirgseinsamkeit gelegen. Am Fuße einer Felswand entspringt dort in einer schmalen, heute durch ein Gitter vor kritzelnden Dummköpfen geschützten Höhle eine Quelle. Eine heilige Quelle? Davon muß man ausgehen – allein schon wegen der Inschriften. Denn nicht allein, was sie besagen, gibt Hinweise auf die besondere Bedeutung des Orts, sondern bereits die Tatsache, daß sie da sind. Und daß sie offenbar von mehreren Menschen über einen längeren Zeitraum hinweg geschaffen wurden; man glaubt, verschiedene Eigennamen (darunter „Elvas"), mehrere „Handschriften" zu erkennen. Was aber war das Besondere an diesem Ort? Und wer waren die

Menschen, die nicht nur hierherkamen, um den Kontakt zu den Überirdischen zu suchen, sondern dabei auch noch des Lesens und Schreibens mächtig waren? Einfache Hirten?

An der heiligen Quelle wurden die Götter angerufen.

Die Antwort muß lauten: Wir wissen es nicht. Wir wissen es genausowenig, wie wir wissen, wer den raetischen Helm aus Bronzeblech getragen hat, der bei Saulgrub gefunden wurde, der heute in der Prähistorischen Staatssammlung in München aufbewahrt wird und der mit etruskischen Schriftzeichen verziert ist. Und wem gehörte das im keltischen „Oppidum" (vgl. folgendes Kapitel) Manching gefundene Täßchen mit der raetischen Inschrift? Solche Funde sagen viel über alpenüberschreitende Kontakte in den vorchristlichen Jahrhunderten, aber wenig über Herkunft und Alltag ihrer ehemaligen Besitzer aus. Manch-mal nennt solch ein Fund wenigstens den Namen desjenigen, der den Gegenstand besaß, verlor, opferte. Wie ein in Südtirol geborgenes Hirschhorn: Dieses Weihegeschenk stiftete vor weit mehr als 2000 Jahren ein Mann namens Riviselchu ...

K U R Z I N F O S

Besichtigungsziel	Prähistorische Felsinschriften der Raeter bei einer heiligen Quelle.

Dauer	Der kürzeste Weg führt von der österreichischen Seite zur Quelle; für Hin- und Rückweg mit Rast und Besichtigung etwa 6 Stunden.
Anfahrt	Zugverbindung München-Tegernsee (Kurswagen!), dann RVO-Bus 9556 nach Wildbad-Kreuth (von hier beschwerlicher Aufstieg zur Guffert-Hütte; Zweitagestour); oder mit dem Zug über Kufstein nach Jenbach in Tirol, von hier über Achenkirch nach Steinberg. Mit dem Auto über Holzkirchen, Bad Wiessee, Kreuth zum Achenpaß (Grenzübergang – Ausweis nicht vergessen!); über Achenkirch Richtung Steinberg; zwischen Achenkirch und Steinberg Wanderparkplatz (Wegweiser zur „Aschenbrennerhütte").
Wegbeschreibung	Vom Parkplatz auf einem gesperrten Fahrweg in etwa zwei Stunden bis unterhalb der Aschenbrennerhütte; dann rechts abbiegen Richtung Schneidjoch / Guffert. Nach weiteren 25 Minuten (unterwegs bei einer Weggabelung rechts halten) zeigt ein Wegweiser den Pfad zur Inschrift (rechts abbiegen). Auf demselben Weg wieder zurück ins Tal.
Besonderheiten	Quellgrotte mit einem Gitter gesichert; wer photographieren will, sollte ein Blitzgerät mitnehmen; Bergerfahrung ist unbedingt nötig – diese Wanderung führt ins Hochgebirge!

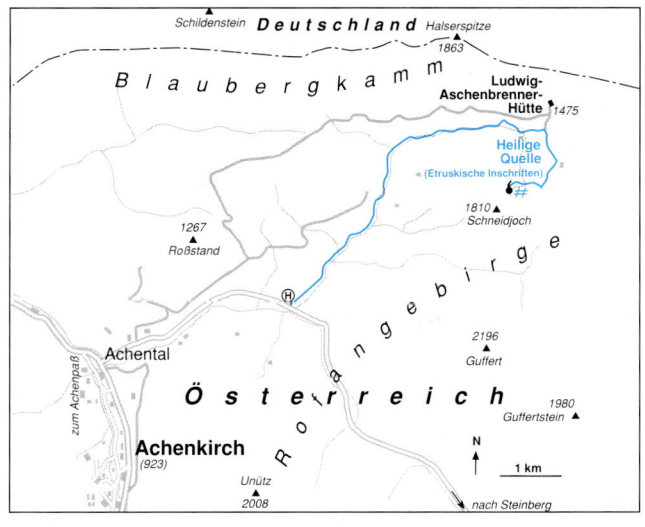

5 Die Fentbachschanze bei Weyarn

Eine Stadt der Kelten

Sie brachten es nie zu einem einheitlichen Großreich – und doch beherrschten die Kelten vor 2200 Jahren einen Großteil Europas. Auch im heutigen Oberbayern lebten keltische Stämme und errichteten hier ihre frühen Stadtanlagen, sogenannte „Oppida". Eine solche Keltenstadt ist noch heute auf einem Plateau oberhalb des Flusses Mangfall zwischen Valley und Weyarn zu besichtigen: die Fentbachschanze.

Secco, der Schmied, fühlt sich nicht wohl: Nicht genug, daß seine Arbeit nicht die gesündeste ist; heute weht auch wieder dieser warme Südwind, der die ohnehin schon nahen Berge noch näher bringt und den Schädel dröhnen läßt. Der Himmel braucht mir heute gar nicht auf den Kopf zu fallen, murmelt der Schmied mißmutig vor sich hin. Seine Vorfahren lebten schon seit unvorstellbar langer Zeit in dem Land am Fuß der Alpen – so lange, daß selbst die geschichtskundigen Barden nichts mehr von den Anfängen zu berichten wissen, aber an diesen Südwind kann man sich einfach nicht gewöhnen. Und an den Wein, den gestern der griechische Händler mitgebracht hat, offenbar auch nicht, denkt

Secco. Diese Griechen: Anscheinend glauben sie, hier, bei den „Barbaren", das in klingende Münze verwandeln zu können, was ihrer verwöhnten Kundschaft südlich des Gebirges nicht mehr zu verkaufen ist. Secco und die anderen Männer vom Stamm der Catenaten halten sich selbst freilich keineswegs für Barbaren: Sind nicht die frisch geprägten Goldmünzen, mit denen er gestern den Wein bezahlt hat, kleine Schmuckstücke? Ist nicht jede Fibel, jeder Beschlag, jeder Dolchgriff, der in Seccos Schmiede entsteht, ein Kunstwerk? Und ist schließlich nicht der Hauptort der Catenaten eine Stadt, die den Vergleich mit der Zivilisation der Mittelmeerländer nicht zu scheuen braucht? Secco, der Schmied, hat eine ungefähre Vorstellung davon, wie es in Griechenland und bei den Italikern aussieht. Eine Familiensage berichtet davon: Einer seiner Vorfahren, Ibliomarus, war dabeigewesen, bei den Raubzügen in die Mittelmeerländer, mit denen keltische Kampfbünde von sich reden gemacht hatten. Nach Jahren erst soll Ibliomarus zurückgekehrt sein, reiche Beute im Gepäck und die Trophäen aus zahlreichen Kämpfen – die abgeschlagenen Köpfe seiner Feinde. Secco beneidet seinen Ahnen ein wenig. Sicher, als Eisenschmied genießt er selbst großes Ansehen; und die kleine Stadt im Schutz des Flusses bietet auch alles, was ihre Bewohner zum Leben brauchen, und Luxusgüter bringen die Händler. Doch die Kelten sind seßhaft geworden, bürgerlich geradezu. Die Reichen werden immer reicher, die Armen immer ärmer. Irgendwo dazwischen ist er, der Schmied. Die Götter, denkt sich Secco, werden schon wissen, warum. Fürs erste wäre ihm schon damit gedient, wenn sie diesen unangenehmen Wind aus den Bergen abstellen könnten.

50

Wie kaum ein anderes Volk der Vorgeschichte faszinieren die Kelten uns Mitteleuropäer des ausgehenden 20. Jahrhunderts. Vielleicht, weil ein Tropfen keltischen Blutes in fast jedem von uns fließen dürfte. Bei dem Wort Kelten (oder Gallier, was dasselbe ist) denken wir an rauhe Krieger, die vor nichts Angst haben – außer, daß ihnen der Himmel auf den Kopf fallen könnte –, an Barden und Druiden, an Schmiede und Händler. Es gab, zumindest in den größeren Siedlungen der Kelten, noch viel mehr. Ausgrabungen in den zum Teil riesigen Keltenstädten haben gezeigt, daß es sich um differenzierte Gemeinwesen handelte. Archäologen sprechen von der „Oppida-Zivilisation". Den lateinischen Begriff „Oppidum" indes hat kein Wissenschaftler erfunden, sondern ein Heerführer: der Römer Gaius Julius Caesar. Im „Gallischen Krieg" beschrieb der Diktator hundert Jahre später die Siedlungen seiner freiheitsliebenden Gegner und nannte sie „Oppida", Städte. Und tatsächlich hatten die Oppida zentral-örtliche Funktion: Sie dienten der Verteidigung, waren Handels- und wahrscheinlich auch Verwaltungszentren, Münzprägestätten, und sie waren Industrieorte. Im Mittelpunkt der Produktion: die Eisenverarbeitung. Bereits verhüttetes Eisen wurde hier von spezialisierten Handwerkern verarbeitet. Der historische Hintergrund für unsere Eingangsepisode.

Die sogenannte „Fentbach"-Schanze an der Mangfall war ein solches Oppidum. Oder zumindest: war es wahrscheinlich. Recht fündig sind die Archäologen dort nämlich noch nicht geworden: verkalkte Steine, brandiger Lehm, Kohlestücke, zahlreiche Fragmente von Graphitton-Keramik, dazu noch ein Mühlstein, eine Eisenspitze, eine eiserne Gabel. Beweise genug für eine städtische Siedlung?

Ein vorsichtiges „Ja" sagt dazu die Forschung: Das Alter der Tonscherben paßt; die Größe der noch immer beeindruckenden Wallanlagen und die exponierte Lage der Schanze sind weitere Indizien. Und schließlich wurde bislang im gesamten südlichen Oberbayern keine andere Anlage entdeckt, die sich überzeugend als Oppidum bezeichnen ließe. Und das, obwohl an der Isar südlich von München offenbar ein religiöses Zentrum der Kelten lag (mehr dazu im nächsten Kapitel), das nach einem politischen Zentralort geradezu verlangt. Vielleicht aber kontrollierte die Fentbach-Schanze auch eine uralte Handelsstraße, auf der Reichenhaller Salz zum riesigen Manchinger Oppidum bei Ingolstadt befördert wurde.

Wer waren die Kelten? Die Vorgeschichtsforschung gliedert die auf die Steinzeit folgende Epoche in drei Abschnitte – benannt nach den jeweils dominierenden Metallen: Kupfer-, Bronze- und Eisenzeit. Die Eisenzeit wiederum, die in unserer Gegend um 750 vor Christus begann, ist gekennzeichnet durch die Abfolge zweier Kulturen, der älteren, östlich geprägten Hallstatt- und der jüngeren, mehr mediterranen Latène-Kultur, die ihre Namen jeweils bedeutenden Fundorten verdanken. Träger beider Kulturen, soviel scheint mittlerweile festzustehen, waren Kelten – Nachfahren der Menschen, denen wir bereits im Kapitel über die Urnenfelderkultur begegnet sind. Die indoeuropäische Sprache der Kelten ist in ihren Grundzügen bekannt, obwohl sie selbst über Anfänge der Schrift nie hinauskamen. In Schottland und Irland, in Cornwall und Wales, auf der Isle of Man und in der Bretagne werden noch heute keltische Dialekte gesprochen. Und da sich keltisches Leben im Blickfeld der Griechen und Römer abspielte (und oft genug zu deren Leidwesen), liefern auch die Schriftsteller der klassischen Antike viele Informationen über dieses von ihnen den „Barbaren" zugerechnete Volk.

Während der Hallstatt-Epoche herrschten große Dynastien mit weitgespannten Wirtschaftskontakten über die keltische Welt. Eine adlige Herrscherschicht sonderte sich vom gemeinen Volk ab, residierte in burgähnlichen Anlagen und orientierte sich in ihrem Lebensstil an der Zivilisation der Mittelmeerwelt.

Im 5. Jahrhundert vor Christus kam die „Revolution". Die alten Herren wurden hinweggefegt – übrigens fast zur gleichen Zeit, als auch Römer und Athener ihre Tyrannen vertrieben; neue, kriegerische Führer traten an die Stelle der alten Eliten. Damit einher ging ein radikaler Wandel der religiösen und künstlerischen Auffassungen. Und: Die Kelten gingen auf Wanderschaft, plünderten Rom, zerstörten Delphi, setzten gar nach Kleinasien über. Als der Keltensturm verebbte, hatte sich eine neue Aristokratie herausgebildet. Erfolgreiche Heerführer und ihre Nachkommen scharten Gefolgschaften um sich, führende Adelsclans begannen – mittelmeerischen Vorbildern folgend – städtische Siedlungen anzulegen. Die keltische Geschichte schien sich zu wiederholen.

Oppidum mit Ausssicht

Der Fernblick von Fentbach im Landkreis Miesbach auf die Kette der oberbayerischen Berge ist, zumal bei Föhn, überwältigend. Doch auch der Nahblick beeindruckt. Denn im Gegensatz zu vielen anderen Oppida wurden die noch immer mächtigen Wehranlagen der Fentbachschanze nie überbaut. Die keltische Stadt liegt auf einem Geländesporn zwischen Mangfall und Moosbach. Nach Norden, Westen und Osten ist der Platz durch teilweise steil abfallende Hänge von Natur aus ge-

„Zangentore" waren perfekt ausgeklügelte Verteidigungsanlagen.

schützt. Größere Befestigungsanlagen waren daher nur an der Süd- und Südostflanke nötig. Wer sich dem Oppidum von Fentbach her nähert, glaubt rechts der modernen Straße einen Vorwall zu erkennen. Ob dieser „Wall" allerdings wirklich der Verteidigung diente, ist umstritten. Gerade an entscheidenden Stellen westlich der Straße und zum Moosbachtal hin fehlt nämlich jede sichtbare Fortsetzung. Vielleicht war es also lediglich eine, allerdings eindeutig künstlich angeböschte Terrasse. Möglich wäre aber auch, daß es sich um die erhaltene Hälfte eines sogenannten „Zangentores" handelt, wie es für keltische Oppida üblich war. Anstürmende Feinde mußten dabei, ehe sie das eigentliche Tor erreichten, erst eine von zwei Mauern gebildete Gasse passieren – und waren dabei dem Pfeil- und Lanzenhagel der Verteidiger ausgesetzt.

Der eigentliche Hauptwall des Oppidums liegt dreihundert Meter weiter nördlich und ist von Bäumen teilweise verdeckt.

Von den Manchinger Ausgrabungen (und den Beschreibungen antiker Autoren) weiß man, wie die Befestigungen spätkeltischer Städte aussahen. Es waren nämlich keineswegs einfach aufgeschüttete Steinwälle, sondern speziell konstruierte Mauern. Die keltischen Städtebauer zimmerten zunächst ein kastenartiges Rahmenwerk aus längs- und quergelegten Holzbalken; dieses füllten sie mit Steinen auf; die Außenseiten dieser „gallischen Mauern" (auch diesen Begriff hat Caesar erfunden) wurden mit unvermörtelten Steinen verkleidet; zur Stadt hin wurden mächtige Erdrampen aufgeschüttet. Der belagerungserprobte General Caesar zollte dieser wehrtechnischen Errungenschaft seiner Feinde hohes Lob: Diese Mauern seien nämlich weder mit Feuer noch durch Rammböcke zu knacken.

Unzerstörbare „Gallische Mauern" umgaben die Stadt.

Bei der Fentbach-Schanze liegen die Dinge wieder einmal ein wenig anders. Der mächtige Hauptwall verläuft nämlich derart in Schlangenlinien, daß man davon ausgehen muß, daß sich seine Erbauer an natürlich vorgegebenen Geländeformationen orientiert haben. Die Stein- und Kohlefunde deuten jedoch darauf hin, daß auch der „Wall" der Fentbach-Schanze eine Konstruktion aus Holz und Steinen war. Hinter diesem Wall erstreckte sich einst das 500 mal 375 Meter große Areal der eigentlichen Keltenstadt.

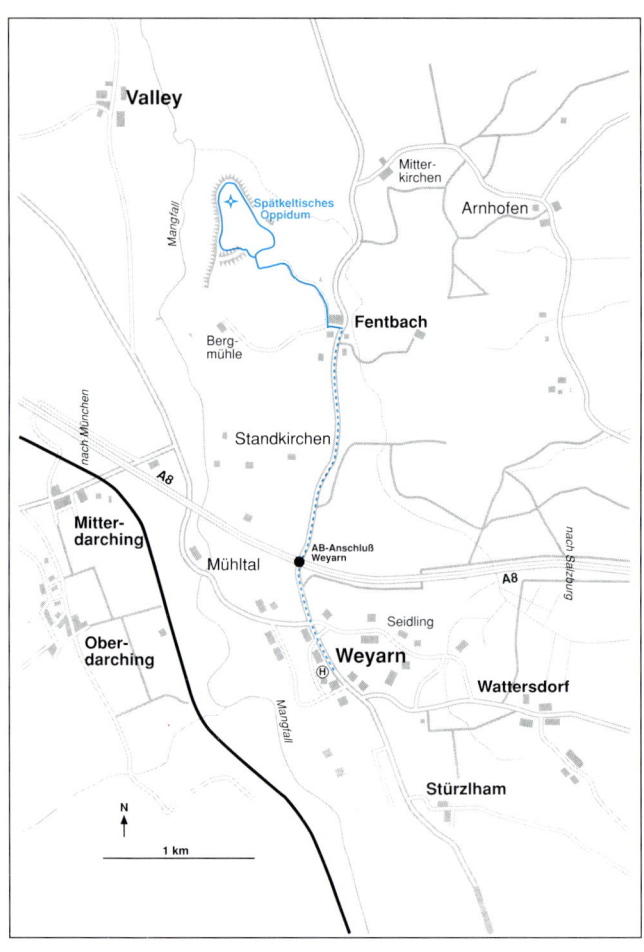

Valley

Mitter-
kirchen

Arnhofen

Mangfall

✦ Spätkeltisches
Oppidum

Fentbach

Berg-
mühle

nach München

Standkirchen

A8

Mitter-
darching

Mühltal

AB-Anschluß
Weyarn

nach Salzburg

A8

Ober-
darching

Seidling

Ⓗ Weyarn

Wattersdorf

Mangfall

Stürzlham

N
↑

1 km

56

K U R Z I N F O S

Besichtigungsziel

Wallanlagen einer spätkeltischen Stadt.

Dauer

Etwa eine Stunde.

Anfahrt

Mit der S-Bahn-Linie 2 bis Holzkirchen, dann mit dem RVO-Bus 9561 bis Weyarn (von hier ca. zwei Kilometer zu Fuß nach Fentbach); oder von München mit dem Zug nach Darching (fünf Kilometer Fußmarsch nach Fentbach); mit dem Auto über die Autobahn München-Salzburg, Ausfahrt Weyarn. Von hier in nördlicher Richtung über Standkirchen nach Fentbach.

Wegbeschreibung

Vom Nordwestende des Dorfs zu Fuß auf einer Anliegerstraße in nordwestlicher Richtung bergauf (Blick auf die Wallanlagen). In einer Kurve (Feldkreuz, Steinmarterl) passiert man das mögliche „Zangentor". Auf der Anhöhe zweigt ein Feldweg rechts von der Straße ab und führt zum Hauptwall des Oppidums (moderner Wegedurchbruch; antike Zugänge im Osten und Südosten des Plateaus).

Besonderheiten

Kurzer Spaziergang mit schönem Fernblick auf Tegernseer und Schlierseer Berge und auf den Wendelstein.

6 Die Viereckschanze von Holzhausen

Keltische Götterhaine im Münchner Umland

Rund um München stößt der Wanderer immer wieder auf merkwürdige viereckige Wallanlagen. Lange Zeit hielt man diese prähistorischen Gebilde für Befestigungen. Doch dann entdeckten Forscher die wahre Bestimmung der umfriedeten Plätze: Es waren Kultorte, heilige Haine der Kelten. Ein Besuch der „Viereckschanze" von Holzhausen ist ebenso spannend wie die Geschichte der Entschlüsselung dieses archäologischen Rätsels.

Ein lauer Abend im Mai. Gravitätisch schreitet ein Mann im weißen Gewand mit langem Bart voran, als Zeichen seiner Würde trägt er eine Sichel; eine Schar Menschen, jung und alt, gekleidet in buntgemusterte, grobe Wollkleider folgt ihm in angemessenem Abstand den Hügel hinauf. Die Männer des Dorfes tragen auf ihren Schultern einen Pfahl, den sie zur Beltine-Feier festlich geschmückt haben. Überall sind Mistelzweige angebracht, die in einem geheimnisvollen Ritual von den Druiden geerntet worden sind: Zwei weiße Stiere hatte man zur heiligen Eiche geführt, be-

vor der Druide mit seiner goldenen Sichel die Misteln abschnitt. Die Stiere werden jetzt in der Prozession mitgeführt. Eines der wichtigsten Ereignisse im Festjahr der Kelten steht bevor – Taranis, Esus, Teutates, Lug, Epona und all die anderen Götter sollen für das Gedeihen der Feldfrüchte gnädig gestimmt werden. Und von jetzt an bis über das Sommerfest Lugnasad hinaus sollen Felder und Höfe von Blitz und Unwetter verschont bleiben. Nach langem Marsch durch die Landschaft am Fluß Isara ist das Ziel der Prozession erreicht: Das Heiligtum, etwa einen Hektar groß, umfriedet von meterhohen Erdwällen und einem Graben davor. Im Zentrum des heiligen Bezirks haben sich bereits andere Druiden versammelt, auf den Wällen steht erwartungsvoll das Volk. Die Beltinefeier im Mai des Jahres 100 vor der Zeitrechnung geht ihrem Höhepunkt entgegen. Der Druide schwingt das Opfermesser, wie vom Blitz getroffen stürzt der erste Stier zu Boden, dann der zweite. Die Götter mögen dieses Opfer annehmen und dem Volk der Vindeliker weiter gewogen sein.

Was unser Druide nicht weiß: Wenige Wochen nach dieser Feier in der Viereckschanze von Holzhausen an der Isar wird in Rom ein Kind zur Welt kommen, dem seine Eltern den Namen Gaius Julius Caesar geben werden. Und mit ihm wird der Anfang vom Ende der keltischen Freiheit kommen. Er wird ganz Gallien unterwerfen. Seine Nachfolger werden auch das Land der Vindeliker zu einem Teil des riesigen Römischen Reiches machen. Und nur 159 Jahre nach dem geschilderten Beltinefest wird auf der wali-

sischen Insel Anglesey die letzte Druidenhochburg im Einflußbereich des Imperiums von römischen Legionären gestürmt und verwüstet werden. Doch Druiden wird es auch danach noch geben: Im fernen Westen der damals bekannten Welt, in Irland, werden sie weiter den Göttern blutige Opfer darbringen und mit ihrem geheimen Wissen von Tod und Wiedergeburt die wahren Herrscher über die Keltenstämme sein. Eines Tages werden sie dann eine neue Lehre von einem getöteten und auferstandenen Gott hören, werden sie übernehmen – und werden sich als wandernde Mönche auf den Weg machen, um den Rest Europas dieses heilige Wissen zu lehren ... Den iroschottischen Wandermönchen, den „Nachfahren" der Druiden, werden wir in Kapitel 14 wiederbegegnen.

Für unsere Schilderung des Opferrituals in der Holzhausener Viereckschanze haben wir uns außer bei der Phantasie beim römischen „Allround"-Forscher Plinius dem Älteren bedient, der detailliert die keltischen Rituale beschreibt. Viereckschanzen gibt es in Oberbayern in großer Zahl. Besonders konzentriert sind sie in der Erdinger Gegend, im Raum Fürstenfeldbruck und eben an der mittleren Isar zu finden – und das oft ziemlich mühelos: Dank der intensiven Viereckschanzenforschung der letzten dreißig Jahre sind sie sogar in vielen Wanderkarten verzeichnet. Aber Vorsicht! Nicht jede eingezeichnete „Schanze" war ein keltisches Heiligtum, und nicht jede von der Archäologie ermittelte Viereckschanze ist auch für den Laien noch erkennbar.

Was aber ist überhaupt eine „Viereckschanze"? Und wie kamen

Forscher darauf, sie schließlich als Heiligtümer zu identifizieren? Schon immer waren die viereckig angelegten, oft noch bis zu mehrere Meter hohen Erdanlagen, auf die man in ganz Süddeutschland immer wieder stößt, bekannt. Die ersten germanischen Siedler hielten sie für „Biburgen", Befestigungen aus grauer Vorzeit. Die Bauern ärgerten sich oft über die lästigen Erdwälle und versuchten, sie zu überpflügen; manchmal aber legten sie auch im Schutz der Wälle ihre Felder oder Höfe an. Die Wissenschaftler schließlich stritten sich lange Zeit darüber, ob es sich bei den „Viereckschanzen" um Viehpferche, römische Gutshöfe oder tatsächlich um Befestigungsanlagen handelte.

Dann kam das Jahr 1957: In Holzhausen, einem kleinen Ort östlich der Isar, sollte ein Erdwall teilweise abgetragen werden, der der Flurbereinigung im Weg war. Zuvor jedoch erhielt ein Archäologenteam um den Wissenschaftler Klaus Schwarz die Gelegenheit, das merkwürdige Erdwerk gründlich zu untersuchen. Und bald wurde die anfängliche Vermutung erhärtet: die sogenannten „Viereckschanzen" waren wahrscheinlich keltische Heiligtümer, umfriedete Kultbezirke.

Auf diese Spur waren die Forscher durch eine auffallende Beobachtung gestoßen: Die antiken Toröffnungen aller bekannten Viereckschanzen wiesen, anders als etwa bei römischen Gutshöfen, niemals nach Norden. Nun kannte man aber eine Gruppe von keltisch geprägten Bauwerken aus den ersten nachchristlichen Jahrhunderten, die ebenfalls diese Besonderheit aufwiesen: die sogenannten „gallo-römischen Umgangstempel", Heiligtümer also. Es lag nun nahe, an eine ähnliche Funktion auch bei den „Viereckschanzen" zu denken.

Die fünf Jahre dauernde Grabung von Holzhausen brachte die Bestätigung. Die Archäologen konnten mehrere aufeinanderfolgende Bauphasen nachweisen: Zunächst war das heilige Areal, das heute direkt an einen Bauernhof grenzt, von einem massiven Holzzaun umgeben. In der Westecke stand ein kleines Holzgebäude, das offenbar einen überdachten Umgang besaß. In der zweiten Bauphase wurde die Holzpalisade durch ein Geviert aus Wall und Graben ersetzt, das durch eine Wand aus Pfählen ergänzt wurde – merkwürdigerweise auf der Innenseite (die Wehranlagen-Theorie war damit endgültig widerlegt). In einer letzten Bauphase wurde schließlich die innere Palisade abgebrochen und das Tor zu der Anlage erneut verändert.

Der Ausgräber von Holzhausen wies darauf hin, daß man diese Beobachtungen nicht so ohne weiteres verallgemeinern und ungeprüft auf alle Viereckschanzen übertragen dürfe. Und in der Tat ist es bei einem Volk, das nach unserem Wissensstand mehrere hundert Götter verehrte, anzunehmen, daß auch die damit verbundenen Kulte sehr vielschichtig waren. Vielleicht waren in manchen Gegenden Opferteiche, wie man sie aus den Sagen der britischen, irischen und bretonischen Kelten kennt, Kernstücke der heiligen Bezirke. Anderswo war möglicherweise eine heilige Quelle Mittelpunkt der kultischen Verehrung. Auffallend ist jedenfalls, daß viele Viereckschanzen in ausgesprochenen Quellgebieten errichtet wurden.

In Holzhausen indes machten die Ausgräber eine besonders aufregende Entdeckung: drei Schächte, 6, 18 und 35 Meter tief. In einem dieser Schächte fanden die Forscher neben Asche- und Kohleresten auch eine klumpige Lehmschicht. Als diese im Labor analysiert wurde, stellte sich heraus: Sie enthielt „Abbauprodukte organischer Substanzen". In den Schacht war also Blut geflossen und Fleisch geworfen worden. Im tiefsten, teilweise künstlich verschalten Schacht fand sich zudem ein scheibenförmiger Gegenstand aus Holz – ein Kultbild? Der kleinste der drei Schächte enthielt ebenfalls organisches Material und einen in den Boden der Grube gerammten Pfahl. Jetzt hatten die Wissenschaftler ihre Beweiskette beisammen: künstlich angelegte Schächte, in denen sich Reste von Opfergaben und Kultbildern fanden; einen umfriedeten Platz, der weitgehend unbebaut war und auf dem keinerlei Gegenstände unbeabsichtigt in den Boden gelangt waren; schließlich ein Gebäude mit Umgang, das sich als Vorstufe zu den gallo-römischen Tempeln interpretieren ließ. Die „Viereckschanze" von Holzhausen war ein Heiligtum.

Druiden im bayerischen Oberland

Das Hügelland östlich der Isar im Landkreis Wolfratshausen ist eine oberbayerische Landschaft wie aus dem Bilderbuch: breit gelagerte Höfe, eine Kirche mit Zwiebelturm, ein blumengeschmücktes Feldkreuz. Gleich neben dem Kreuz steht eine Tafel, die auf die Besonderheit dieses Ortes hinweist – auf die Viereckschanze von Holzhausen. Die Wälle des ehemaligen Heiligtums erheben sich zirka 50 Meter dahinter aus dem sie umgebenden Grasland. In einer Ecke der „Schanze" weiden Haflingerpferde.

Der Holzhausener Kultplatz folgt der einheit-lichen Grundform fast aller Keltenschanzen: die Anlage ist viereckig; das Erdwerk besteht aus einem Wall und einem vorgelagerten Graben; das einzige, noch gut erhaltene Tor öffnet sich weder bei der Holzhausener noch bei irgendeiner anderen Kelten-schanze jemals in Richtung Norden; vor dem Tor läuft der Graben durch; die Seitenlänge beträgt etwa 100 Meter; die Ecken des Walls sind leicht überhöht; auch das Bodenniveau des umfriedeten Innenraums liegt etwas über dem der Umgebung. Sehr oft treten Viereckschanzen in kleinen oder größeren Gruppen auf. Die Anlage von Holzhausen (es gibt dort nur we-nige Meter entfernt eine zweite „Schanze") ist Teil einer größeren Gruppe von 13 Heiligtümern an der mittleren Isar. Auffallend ist, daß sich in diesem Gebiet keine größeren keltischen Siedlungen nachweisen lassen. Wurden die Heiligtümer bewußt in abgelegenen Gegenden errichtet, wie das ja auch bei vielen Wallfahrtskirchen der Fall ist? War das Gebiet an der mittleren Isar durch seine geologischen Voraussetzungen be-sonders geeignet für das Anlegen tiefer Opferschächte?

Die Kelten-schanzen hatten einen ein-heitlichen Bauplan.

Rund um Holzhausen gibt es 13 keltische Heiligtümer.

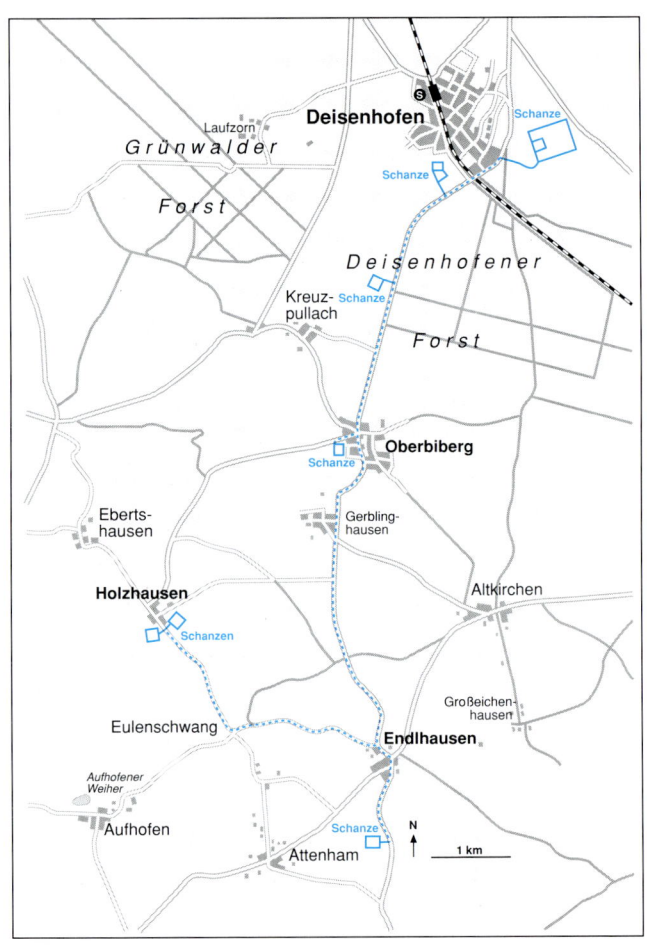

K U R Z I N F O S

Besichtigungs-ziel	Die Keltenschanze von Holzhausen und weitere keltische Heiligtümer in der nahen Umgebung.
Dauer	Mit dem Auto ein bis zwei Stunden ab Holzhausen, mit dem Fahrrad Tagestour.
Anfahrt	Mit der S-Bahn Linie 7 nach Hohenschäftlarn, von dort mit dem Fahrrad über Kloster Schäftlarn, Klein-Dingharting, Ebertshausen nach Holzhausen; mit dem Auto von München über Grünwald, Straßlach, Dingharting nach Holzhausen.
Wegbeschrei-bung	Die 1957 ausgegrabene Schanze am südöstlichen Ortsausgang von Holzhausen Richtung Eulenschwang links, eine weitere etwas verdeckt rechts der Straße; mit Rad oder Auto weiter nach Endlhausen; im Ort bergauf, vor der Kirche links Richtung Fraßhausen; etwa 500 Meter, nachdem die Straße in den Wald eingetaucht, ist rechter Hand eine große Schanze; zurück über Endlhausen nach Oberbiberg (Kirche und Bauernhof in einer ehemaligen Schanze); weiter Richtung Deisenhofen; etwa 300 Meter vor einem rechts der Straße gelegenen Wasserbehälter links Waldweg zu einem sehr gut erhaltenen Heiligtum; weiter Richtung Deisenhofen; vor der Bahnüberführung links in einem Wäldchen Doppelschanze; östlich von Deisenhofen rechts von der Straße nach Oberhaching im freien Feld ein großes Heiligtum; in Deisenhofen S-Bahn-Station (Linie 2).
Besonder-heiten	Beschriebene Tour nur mit Auto oder Fahrrad möglich; Informationstafeln.

7 Petersbrunn im Mühltal

Der Kult der dreifachen Göttin überdauert die Jahrhunderte

So kriegerisch die Kelten auch waren: Ihr Götterhimmel war nicht nur männlich. Wie im täglichen Leben spielte das weibliche Element auch im Kult eine bedeutende Rolle. Manche dieser Glaubensvorstellungen reichten zurück bis in die graue Vorzeit – und hielten sich in gewandelter Form bis an die Grenze zur Neuzeit. Wie der Kult um die drei „heiligen Frauen" in Petersbrunn.

Der Pfad führt durch das Moor. Rechts und links vom Weg gluckert es verdächtig. Nebelschwaden machen die Dämmerung noch undurchsichtiger. Unheimlich ist es hier ... Sotia will zu den drei Göttinnen gehen. Genauer: zu deren heiliger Quelle. Und der einzige Weg zum Kultplatz führt nun einmal durchs Moor. Natürlich hat Sotia Angst, Angst vor der Dunkelheit, vor der Einsamkeit im Moor, vor der Nähe der Göttinnen. Doch noch mehr Angst hat sie um das Leben ihres Mannes, Ollovico. Bei einem kriegerischen Scharmützel hat er einen Schwerthieb abbekommen. Eigentlich nichts Ungewöhnliches. Doch die Wunde will und will nicht hei-

69

len. Schließlich hat Sotia ihren Entschluß gefaßt: Mitten in der Nacht – Ollovico ist gerade in einen fiebrigen Schlaf gefallen – hat sie sich aufgemacht. Die Göttinnen will sie um Hilfe bitten und heiliges Wasser von der geweihten Quelle mitbringen. Dann wird Ollovico wieder gesund.

1800 Jahre später, im 17. Jahrhundert. Eine edle Dame, Sybilla Regina von Starzhausen, ist glücklich: Ihr Gebet wurde erhört. Sie weiß, wem sie Dank schuldet. Sie gibt ein Bild in Auftrag, das sie der „Einbettl"-Kapelle bei Leutstetten stiften will. Das Bild zeigt drei weibliche Heilige. Schwestern sollen sie gewesen sein, erzählt man sich im Volk. Und gegenüber dem Petersbrunnen, an dessen heilkräftiger Quelle im 16. Jahrhundert reger Kurbetrieb herrschte, sollen sie vor Zeiten drei Zellen gebaut und viele gute Werke getan haben. Daß der Prälat, mit dem sich die fromme Sybilla vor kurzem darüber unterhalten hat, rein gar nichts von den heiligen Schwestern gewußt und sogar bezweifelt hat, daß es sich um Heilige im Sinne der Mutter Kirche handelt, macht der adligen Frau nichts aus. Ihr Gebet ist erhört worden. Und nur darauf kommt es an.

Wir haben die dreifache Göttin bereits kennengelernt – als Repräsentantin von Wachstum, Tod und Wiedergeburt bei den frühen Ackerbau treibenden Völkern. Im keltischen Götterhimmel spielte die Dreizahl eine nicht minder große Rolle. Esus, Taranis und Teutates waren möglicherweise die männlichen Hauptgötter der Kelten. Man kennt von antiken Steinreliefs wie aus mündlichen und später aufgezeichneten Überlieferungen aber auch eine weibliche Trias. Oft wurden diese „Drei Mütter" oder „Matronen" zusammen mit Symbolen der Fruchtbarkeit abgebildet. Und: Sie wurden bevorzugt an heiligen Quellen verehrt – Symbole der lebensspendenden Erdmutter. Große Göttin der Steinzeit, Matronen der Kelten, drei Heilige Jungfrauen im 17. Jahrhundert? Kann eine solche, wenn auch immer wieder umgeformte und den Erfordernissen der gerade herrschenden Religion angepaßte Glaubensvorstellung tatsächlich Jahrtausende hindurch überliefert werden? Gerade was den Glauben angeht, scheint in den Bayern doch viel mehr Keltisches zu stecken, als Wissenschaft, Kirche und sie selbst wahrhaben wollen.

Da gibt es etwa die geheimnisvollen „Perchten", wilde, maskentragende Gestalten, die noch heute in den sogenannten „Rauhnächten" um Weihnachten in vielen oberbayerischen Dörfern ihr Unwesen treiben. Der Begriff „Percht" scheint auf eine indoeuropäische Wortwurzel zurückzugehen, die in etwa „leuchtend" bedeutet – oder „prächtig" eben. Vor 1000 Jahren klagte ein im Inntal lebender Mönch: Die jungen Burschen würden, obwohl sie doch offiziell Christen seien, noch immer der „Göttin Perchta" anhängen. Man weiß auch, daß die Germanen eine Muttergöttin Berchta verehrten (ihr Fest soll am 24. Dezember gewesen sein); die irischen Kelten eine Göttin Brigid (Festtag: der 1. Februar, das keltische Imbolc-Fest). Diese Muttergottheit verschmolz nach der Christianisierung mit einer Heiligen gleichen Namens. Die noch heidnische Brigid galt als jungfräuliche Mutter dreier Söhne, als Schutzherrin der Dichter, der Heilkunst und der Schmiede, und als dreifache, dreigestaltige Göttin …

Die dreifache Göttin hatte in Bayern offenbar ein besonders langes Nachleben: So stieß ein junger Theologiestudent im Jahr 1910 auf eine alte Sage: Drei adelige Fräulein galten schon seit ewigen Zeiten als die großen Wohltäterinnen zweier Dörfer. Den Einwohnern dieser Ortschaften sollen sie ihren umfangreichen Waldbesitz, den Hart, geschenkt haben. Aus Dankbarkeit dafür wurden sie verehrt, ihre Schädel in der Kirche aufbewahrt. Der Student, der spätere Weihbischof Johann Neuhäusler, beschloß, der Geschichte nachzugehen. Mit kriminalistischem Spürsinn suchte er historische Dokumente, die die Legende von der Schenkung belegen könnten, und fand – nichts: „Keine Notiz in der Pfarrmatrikel und im Saalbuch, keine Stiftungsurkunde, keine einigermaßen zuverlässige Zeitangabe, kein Grab, keine Gedenktafel, kein Name, keine Adelsgeschlechtsangabe, keine eigentliche Jahrestagsstiftung." Und die drei gezeigten Schädel? Von den „adeligen Fräulein" konnten sie jedenfalls nicht stammen, denn sie tragen die Jahreszahl 1699 – schon 1689 schrieben aber die Bewohner der beiden Dörfer in einem Brief an ihren Bischof, daß ihre Wohltäterinnen „vor etlich 100 Jahren" gelebt hätten. Für Johann Neuhäusler lag damit die Schlußfolgerung klar auf der Hand: „Die drei adeligen Fräulein haben nie gelebt und darum auch keinen Hart verschenkt, sondern dieser Hart war Gemeindewald und darum als Besitz der drei Nornen erachtet, welche später in drei adelige Fräulein umgetauft wurden."

Hier hatten sich also ganze Dorfgemeinschaften eine zwar verstümmelte, aber dennoch entschlüsselbare Erinnerung an eine

Zeit bewahrt, in der die dreifache Muttergottheit über das Wohl und Wehe der Menschen wachte. Nicht anders in Leutstetten. Hier war es indes kein Wald, sondern eine Quelle, die den drei Göttinnen heilig war. In ganz Europa gibt es Legenden über und Heiligtümer für „drei heilige Frauen": die „Tremaié", die drei Marien, in der Provence; die drei „Matronen" der Römerzeit im Rheinland; die „Saligen" in Südtirol – überall dort, wo vor 2000 Jahren Kelten lebten.

Der Kultplatz im Moor

Ein Gedenkstein an die Eingemeindung der ehemals selbständigen Gemeinde Leutstetten und der weiß-blaue Maibaum gleich daneben bringen uns auf die Spur der drei heiligen Jungfrauen. Beide Male ist nämlich das frühere Gemeindewappen zu sehen. Und das zeigt einen Fluß, die Würm, umgeben von – drei Kronen. Hier, nur wenige Kilometer nördlich der geschäftigen Kreisstadt Starnberg, haben sich zwischen Moorgebieten und dem wildromantischen Mühltal Überlieferungen länger bewahrt als andernorts. Auch das ex-voto-Bild der Sybilla Regina von Starzhausen aus dem zweiten Teil unserer Geschichte gibt es noch immer. Es hängt, nachdem die Einbettl-Kapelle im 19. Jahrhundert abgerissen wurde, in der stimmungsvollen Altokapelle von Leutstetten. Woher die legendären drei „Beten" Ainpet, Gberpet und Firpet – man trifft sie unter geringfügig variierenden Namen im gesamten

Der Maibaum erinnert an die drei Göttinnen der Vorzeit.

süddeutschen Raum bis nach Österreich – nach Leutstetten kamen? Wann und warum? Im Denkmalverzeichnis für den Landkreis Starnberg heißt es dazu: „Ihr Kult ist sagenumwoben, sein Auftreten in Leutstetten weder zeitlich noch ursächlich geklärt." Man ist also auch hier auf Vermutungen, auf Indizien angewiesen. So gibt es gegenüber dem heilig-heilsamen Petersbrunnen noch heute den „Einbettlhof". In seiner Nähe wurde ein römisches Brandgräberfeld entdeckt. Ein römischer Grabstein mit Inschrift befindet sich unter dem rechten Seitenaltar der Alto-Kapelle. Im nahegelegenen Wildmoos, durch das wir in unserer Episode die tapfere Keltin Sotia geschickt haben, werden in der Tat vorchristliche Kultplätze vermutet. Und dann ist da eben die Nachbarschaft zum Petersbrunnen auf der anderen Seite der Würm. Direkt über dieser heiligen (und heilsamen) Quelle erhebt sich heute wie schon seit Jahrhunderten eine Kapelle. Mit „durchdringenden" Folgen: Das kleine Gotteshaus muß wegen der Feuchtigkeit immer wieder renoviert werden.

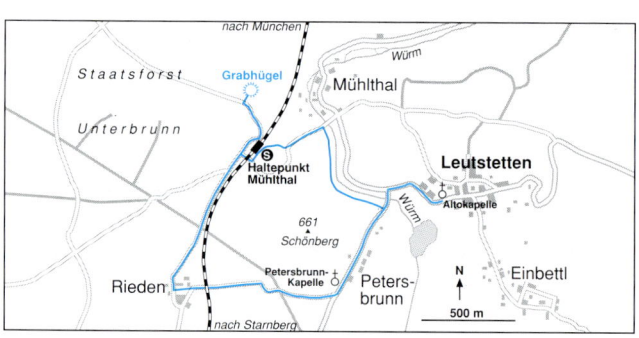

K U R Z I N F O S

Besichtigungs-ziel	Vorgeschichtliche Grabhügel, sagenumwobene Petersbrunn-Kapelle und Alto-Kapelle mit dem Votivbild der „drei Heiligen".
Dauer	Etwa zwei Stunden.
Anfahrt	S-Bahn 6 Haltestelle Mühlthal; mit dem Auto über Starnberg oder Gauting.
Wegbeschreibung	Vom S-Bahnhof westlich der Gleise einem Schotterweg nach Norden folgen, der bald nach links abknickt; nach wenigen Metern rechts im Wald große Grabhügel aus der Bronze- und Hallstattzeit; wieder zurück, entlang dem Bahngleis der Teerstraße Richtung Süden folgen (Wegweiser Golfplatz); beim Gut Rieden nach links auf einer Brücke die Bahn überqueren und durch den Golfplatz (ausgeschilderter Wanderweg); bei einer Weggabelung kurz vor dem östlichen Waldrand den rechten (unteren, nicht beschilderten) Hohlweg nehmen; auf ihm zur Straße Starnberg – Leutstetten; links nach wenigen Metern Petersbrunn-Kapelle; über die Würmbrücke nach Leutstetten (Alto-Kapelle); zurück über die Würmbrücke und am linken Ufer einem rechts von der Straße abbiegenden Wanderweg zum S-Bahnhof Mühltal folgen.
Besonderheiten	Heiligen-Bild an der rechten Kirchenwand nur durch ein Gitter zu sehen; Wanderung kombinierbar mit Tour 15.

W E I T E R E   T I P S :

Petersberg: Der von einer romanischen Basilika gekrönte Petersberg im Landkreis Dachau ist Mittelpunkt der keltisch geprägten Überlieferungen um die drei „adeligen Fräulein" und den von ihnen gestifteten Gemeindewald. Den Petersberg erreicht man mit dem Auto von München über Dachau, Schwabhausen und Großberghofen, mit der S-Bahn auf den Linien 2 (bis Dachau) und A (bis Erdweg); von Erdweg aus etwa 20 Minuten Fußmarsch. Parkplatz an der Staatsstraße am Fuße des Berges. Von hier vorbei an den Wallanlagen der Burg „Glaneck" („glan" ist ein keltisches Wort und bedeutet „Fluß, Ufer" – das Gewässer zu Füßen des Petersbergs heißt noch heute Glonn) hinauf zum Plateau mit der Basilika (12. Jahrhundert, romanische Fresken); dann eben etwa 200 Meter nach Westen, bis man wieder auf die Staatsstraße trifft (Bushaltestelle); jenseits der Straße halblinks in den Wald; nach etwa 100 Metern frühkeltisches Hügelgrab.

8

Die Aubinger Lohe

Als die Römer nach Bayern kamen

Als die Römer frech geworden ... besetzten ihre Legionen auch das ehemals keltische Südbayern. Doch weniger Frechheit war es, die die Caesaren ihre Truppen ins Voralpenland in Marsch setzen ließ, als vielmehr nüchternes strategisches Kalkül. Für vierhundert Jahre herrschte von da an Rom über das Gebiet zwischen Donau und Alpen. Überreste vom Beginn dieser Epoche haben sich in der Aubinger Lohe, einem Waldgebiet im Westen Münchens, erhalten.

Ein heißer Sommertag. Divico, der Schmied, schwitzt – und es ist nicht nur die Hitze, die ihm beim Sandschaufeln zu schaffen macht. Denn die Grube, aus der er den Sand für Ausbesserungsarbeiten an seinem Haus holt, liegt nur wenige Meter neben dem uralten, sagenumwobenen Heiligtum. Und wer weiß, vielleicht mögen es die Götter nicht, wenn man ihnen bei der Alltagsarbeit zu nahe kommt? Gebetet und geopfert wird in dem heiligen Hain schon seit hundert Jahren nicht mehr. Damals, als die römischen Soldaten einmarschiert waren, hatten sie als erstes Jagd auf Druiden gemacht. Der alte Druide, der über die damals

77

bereits halbverfallenen viereckigen Heiligtümer auf dem sandigen Bergrücken gewacht hatte, soll damals über Nacht verschwunden sein. Man habe nie wieder von ihm gehört, hat Divicos Urgroßmutter ihm vor Jahrzehnten erzählt. Sie war nahe diesem Hügel am Rande der großen Ebene aufgewachsen; später hatte sie einen jungen Gallier geheiratet, der im Gefolge der römischen Soldaten als Handwerker aus dem Westen des Reichs gekommen war. Sie, die Tochter eines catenatischen Eisenarbeiters, und der junge Schmied aus Gallien hatten sich sofort verstanden – und das nicht nur, weil sie fast den gleichen Dialekt sprachen. Das ist jetzt auch schon wieder achtzig Jahre her, und was hat sich in der Zwischenzeit alles verändert, denkt Divico beim Schaufeln. Kelten und Römer unterscheiden sich hier in der Provinz immer weniger voneinander. Gleich in seiner Nachbarschaft haben sich drei altgediente Legionäre nach ihrer Entlassung angesiedelt. Und der Schmied muß ein bißchen lachen, als er an einen anderen Nachbarn, den Kelten Sedullus, denkt: „Flavius Sedullus" nennt er sich neuerdings – na ja, vielleicht ist es für einen Händler wichtig, so seine Verbundenheit mit dem neuen Kaiserhaus zu demonstrieren. Immerhin dürfte Sedullus besonders froh sein, daß mit den Flaviern wieder Ruhe ins Römische Reich eingekehrt ist. Krieg, zumal Bürgerkrieg, schadet bekanntlich den Geschäften. Und Krieg hatte es nach der Ermordung dieses verrückten Kaisers Nero genug gegeben. Divico weiß auch heute noch nicht so genau, wer damals eigentlich gegen wen kämpfte. Aber er kann sich noch genau daran erinnern, daß er mit der Herstellung von Schwertern kaum nachgekommen war. Gute keltische Schmiede wird man

immer brauchen, solange das Imperium besteht, denkt Divico.
Und wenn es einmal nicht mehr besteht … Der Schmied erinnert
sich an die Erzählungen seines Nachbarn Sedullus von den
wilden, kriegerischen Horden aus dem Norden. Ja, Schwerter wird
man wohl tatsächlich immer brauchen.

Die Geschichte vom Schmied Divico hat uns in die achtziger
Jahre des ersten Jahrhunderts und geographisch in die „Aubinger Lohe" im Nordwesten Münchens geführt. Seit hundert Jahren war das Alpenvorland damals Teil des Römischen Imperiums. Zwei Stiefsöhne des Kaisers Augustus, Drusus und Tiberius,
der spätere Kaiser, hatten im Jahre 15 vor Christus die raetischen, ligurischen und keltischen Bergvölker in die Zange genommen und in einem Blitzfeldzug scheinbar mühelos unter-
worfen. So zumindest stellte es die römische Propaganda dar,
deren monumentalster Ausdruck ein riesiges Siegesdenkmal bei
La Turbie im Hinterland von Nizza ist. In einer großen
Ruhmesinschrift sind dort die Namen aller von Drusus und
Tiberius besiegten Völker und Stämme aufgeführt – manche
von ihnen zum ersten- und letztenmal.
Unter den Besiegten sind auch die „Vindelicorum gentes quat-
tuor Cosuanetes, Rucinates, Licates, Catenates" aufgeführt, die
vier Stämme der Vindeliker also, von denen wir aus den
Berichten römischer Autoren wissen, daß sie im heute bayerischen Alpenvorland lebten. Eine aktuelle Forschungsrichtung
geht jedoch davon aus, daß das Alpenvorland zur Zeit der rö-

mischen Invasion kaum besiedelt war und die „Vindeliker" erst von den Römern hier angesiedelt wurden. Ausgrabungen, vor allem im großen Oppidum von Manching, haben gezeigt, daß die spätkeltische Kultur zwischen Alpen, Lech, Donau und Inn bereits im ersten Jahrhundert vor Christus entscheidend geschwächt worden war, das heißt, bevor die Legionäre einmarschierten. Denn auch von Norden her drohte den Kelten Gefahr: Die Germanen drängten nämlich immer weiter nach Süden; schon um 100 vor Christus hatten die Züge der germanischen Kimbern (die Teutonen waren möglicherweise selbst keltischer Abstammung) Römern wie Kelten die neue geopolitische Lage vor Augen geführt; dreißig Jahre später war der Germanenhäuptling Ariovist mit seiner Gefolgschaft plündernd und mordend in Süddeutschland eingefallen. Ein Teil der dortigen Bevölkerung hatte daraufhin wohl seine Sachen gepackt und war nach Westen abgewandert (ein Unternehmen mit schlechtem Ausgang, wie man bei Caesar nachlesen kann). War das Alpenvorland danach nur noch dünn besiedelt? Haben deshalb die Kaisersöhne mit ihren Legionen so rasch und offenbar ohne größere Schlacht das Gebiet südlich der Donau okkupieren können? Warum aber werden die vier Teilstämme der Vindeliker dann ausdrücklich auf dem Siegesdenkmal an der Côte d'Azur genannt? Alles nur römische Propaganda zur Überhöhung des leicht errungenen Sieges?

Fest steht allerdings, daß sich die Bevölkerung des Alpenvorlandes vor und nach der römischen Invasion deutlich unterschied. Zwar kann es keine „Entvölkerung" des Gebiets gegeben haben – wie hätten sonst vorrömische Orts- und Flußnamen (Isar, Lech, Amper) überdauern können? Doch die jungen, wehrfähigen Männer aus den unterworfenen Stämmen wurden für das römische Heer zwangsrekrutiert und an auswärtigen Kriegsschauplätzen eingesetzt; dafür wurden Soldaten aus aller Herren Länder in Raetien stationiert. Und im Gefolge der Soldaten kamen Handwerker, Kaufleute und vermutlich auch Kolonisten. Rasch errichteten die Römer im Alpenvorland eine Kette befestigter Militärstationen. Raetien war jedoch nicht das eigentliche Ziel der römischen Feldherren gewesen: Wichtig war es ihnen, die Alpenpässe zu kontrollieren und eine Aufmarschbasis gegen den eigentlichen Feind im Norden zu gewinnen: gegen die Germanen. Doch die Niederlage der Legionen unter ihrem Kommandeur Varus im Teutoburger Wald setzte dem römischen Vormarsch ein Ende. Das Imperium geriet in die Defensive; die Sicherung der Reichsgrenze an Rhein und Donau stand jetzt im Vordergrund. In den eroberten Gebieten wurde eine Zivilverwaltung aufgebaut; das Land der Vindeliker wurde der Provinz „Raetia" zugeschlagen. Amtssitz des römischen Statthalters wurde Augsburg, „Augusta Vindelicum". Die Herrschaft des Kaisers Nero stürzte das Reich in eine ernste Krise, Aufstände brachen aus, Nero wurde ermordet, die Idee eines großen, unabhängigen gallo-römischen Herrschaftsgebiets machte die Runde, in nur einem Jahr verschliß das Imperium drei Kaiser. Erst der vierte, der General Vespasian, konnte seine Herrschaft auf Dauer sichern und eine neue, freilich nicht allzu langlebige Dynastie begründen – das Kaiserhaus der Flavier. Nach dem Wie-

deraufbau der durch die Bürgerkriege verwüsteten Provinz Raetien gingen die Römer wieder in die Offensive, verlegten die
Reichsgrenze im Westen Raetiens ein gutes Stück nach Norden,
um eine kürzere Verbindung zwischen Rhein und Donau zu
schaffen. Die neue Reichsgrenze wurde durch eine Kette von
Kastellen und Wachtürmen gesichert – der „Limes" entstand. In
dieser Epoche spielt unsere Episode.

Urlandschaft am Rande Münchens

Verwunschene Teiche, Birkenwälder, durch die sich gluckernde
Rinnsale schlängeln, einsame Pfade durch dichtes Unterholz –
eine solche Naturlandschaft vermutet man nicht unbedingt am

**In der Au-
binger Lohe
standen kel-
tische und
römische
Bauernhöfe.**

Rande einer Millionenstadt. Und doch gibt es sie: Die
Aubinger Lohe hat sich viel vom besonderen Zauber
einer Urlandschaft bewahrt, in der Geschichten aus
längst vergangenen Zeiten wieder lebendig werden
können.

Die Aubinger Lohe, eine bewaldete Lößterrasse, die sich nord-
westlich von München aus der Schotterebene erhebt, zog wegen ihres fruchtbaren Bodens schon seit der Bronzezeit immer
wieder Siedler an. Ein Spaziergang durch diesen Wald, wie ihn
am Wochenende viele Münchner unternehmen, wird so unver-
sehens zu einem Ausflug in die Vergangenheit. Besonders viele
der in der Aubinger Lohe gemachten Funde stammen aus der
Zeit der letzten Kelten und der römischen Besiedlung. Noch

heute sichtbar sind die Reste zweier „Viereckschanzen". Nachgewiesen wurden auch drei keltische und drei römische Gehöfte sowie Keramikscherben aus der Zeit der flavischen Kaiser, in der unsere Episode spielte. Offenbar verhütteten die antiken Bewohner der Aubinger Lohe auch Eisen; Schlackenreste wurden jedenfalls zu Tage gefördert. Wahrscheinlich verarbeiteten die späten Kelten hier Brauneisen, das im Nordteil der Aubinger Lohe vorkommt. Mit den Römern indes war die Besiedlung des Gebiets nocht nicht zu Ende: Siedler des Frühmittelalters legten später in der jetzt bewaldeten Lohe Hochäcker an, ein Kleinadliger errichtete um 1100 im Nordosten der Lohe eine vom Wald bis heute hervorragend konservierte Turmhügelburg, den sagenumwobenen „Teufelsberg". Ein großes Grubenfeld zwischen den beiden Viereckschanzen schließlich stammt vom Sandabbau durch Aubinger Bauern in den letzten Jahrhunderten.

Vor 1900 Jahren

KURZINFOS

Besichtigungs-ziel

Spätkeltische Viereckschanzen und frühmittelalterlicher Turmhügel in der altbesiedelten Aubinger Lohe.

Dauer

Etwa ein bis zwei Stunden.

Anfahrt

S-Bahnhof Aubing (und dann zu Fuß mit dem Fahrrad über Ubo- und Eichenauer Straße zur Lohe) – etwa 2 Kilometer; mit dem Auto von Aubing im Münchener Westen zu einem Autoparkplatz in einer scharfen Rechts-Links-Kurve der Eichenauer Straße am Südosteck des Waldgebiets.

Wegbeschrei-bung

Vom Parkplatz (in seiner Umgebung wurden keltische und römische Funde gemacht) auf dem Aubinger Lohweg („Hauptgeräumt") schnurgerade nach Norden; auf einer großen Lichtung schneidet der Weg den überwachsenen Nordwall einer Viereckschanze; dann auf breitem Forstweg nach rechts abbiegen; den zweiten links abbiegenden Weg; Weggabelung nach etwa 100 Metern, noch einmal 100 Meter auf dem rechten der beiden Wege; kurz vor dem Ende des Hochwalds 50 Meter rechts vom Weg der Turmhügel „Teufelsberg"; dann denselben Weg wieder zurück bis zum Südrand der eingangs erwähnten großen Lichtung; hier nach rechts vom „Hauptgeräumt" abbiegen; nach etwa 50 Metern halblinks durch das Schürfgrubenfeld zur recht gut erhaltenen zweiten Viereckschanze (etwa 100 Meter vom Weg entfernt).

Besonder-heiten

Vom S-Bahnhof Lochhausen aus Waldlehrpfad durch die Aubinger Lohe – Wegführung und Markierung aber nicht eindeutig; in manchen Wanderkarten verzeichnete gallo-römische Siedlungsorte nicht zugänglich (Privatbesitz).

84

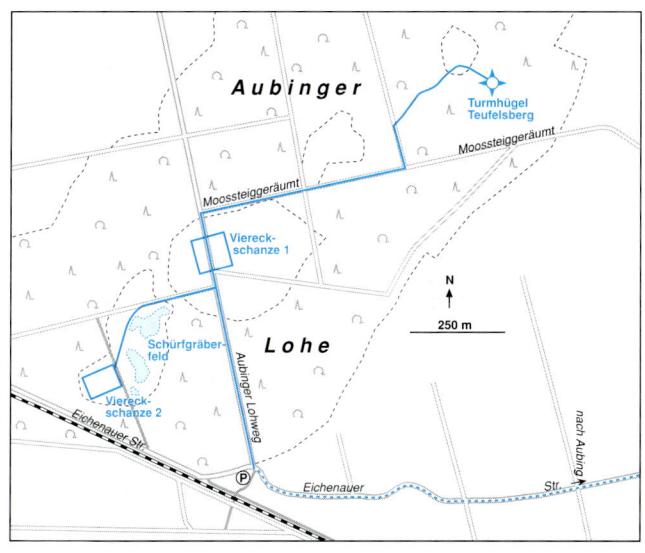

 **9**

Römerstraßen durch Südbayern

Von Augusta Vindelicum (Augsburg) nach Iuvavum (Salzburg)

Die Lebensadern des riesigen Römischen Reichs waren die Straßen. Kreuz und quer durchziehen sie Südbayern, große Fernverbindungen ebenso wie kleinere „Ortsverbindungsstraßen". Eine der wichtigen Strecken ist die von der Provinzhauptstadt Augusta Vindelicum (Augsburg) nach Iuvavum (Salzburg). Auf ihr ist kurz nach dem Jahr 200 ein Händler unterwegs ...

Das hätte er auch einfacher haben können. Septimius Sedullus ist wütend. Der Händler ist unterwegs von der Provinzhauptstadt Augusta Vindelicum in Raetien nach Iuvavum, das schon in der Provinz Noricum liegt. In Augusta hat man ihm eine Straßenkarte gezeigt: Gerade einmal 130 Meilen wären es – hätte er die direkte, erst vor wenigen Jahren unter Kaiser Septimius vorbildlich erneuerte Fernstraße genommen. Aber in einem Anflug von Nostalgie hat Sedullus in Augusta beschlossen, einen Abstecher dorthin zu machen, wo einer seiner Vorfahren vor 130 Jahren gelebt hatte. Einen Abstecher! Jetzt kämpft er sich schon seit Stunden bei Dauerregen an diesem Fluß entlang nach Süden vor. Und ob er noch vor Einbruch der Dunkelheit Bratananium erreichen kann, wird immer fraglicher.

Dabei hatte die Reise eigentlich ganz gut begonnen: Bis zur ersten großen Straßengabelung kommt Sedullus schnell voran. In der Dämmerung erreicht er eine kleine Militärstation und findet dort sogar eine Übernachtungsmöglichkeit. Obwohl schon die Iden des Aprilis bevorstehen, beginnt es am Abend zu schneien; noch in derselben Nacht setzt dann wieder Tauwetter ein, und es regnet, regnet, regnet . . . Am nächsten Morgen hat sich das sonst so brave Flüßchen Glana in einen reißenden, dreimal so breiten Strom verwandelt. Nur mit Mühe kann er mit seinem Packpferd das südliche Ufer erreichen. Dort ist gerade eine römische Bauernfamilie dabei, ihr Vieh vor dem unaufhörlich steigenden Hochwasser in Sicherheit zu bringen. Im Hügelland, das sich anschließt, kommt das Wasser wenigstens nur noch von oben. Dann der nächste Fluß, die Ambra, und wieder mehr als nasse Füße für den Händler. Weiter führt die Straße schnurgerade nach Süden, bei trostlosem Wetter durch eine düstere Moorlandschaft, oft genug auf Knüppeldämmen über den verdächtig glucksenden Boden. Hinter dem Sumpfgebiet biegt Sedullus nach Westen ab. Auf schmalen, selten begangenen Pfaden kann er tatsächlich bis zu dem Gehöft vordringen, von dem seine Vorfahren stammen sollen. Er hat gehofft, dort vielleicht sogar entfernte Verwandte zu finden. Aber welche Enttäuschung: Die Häuser liegen in Trümmern. Die Germanenhorden, die vor mehr als 40 Jahren plündernd nach Raetien vorgedrungen waren, hatten offenbar ganze Arbeit geleistet.

Bratananium hat Sedullus doch noch erreicht. Hier stärkt und er-

holt er sich erst einmal, bevor er an die Weiterreise denkt. Sogar ein Bad gibt es hier. Kein Vergleich zwar zu den prächtigen Thermen in seiner Heimatstadt Augusta, aber immerhin! Draußen regnet es noch immer. Erst zwei Tage später läßt die Sintflut nach, sogar die Sonne kommt hin und wieder heraus. Sedullus weiß, es hätte gar keinen Sinn gehabt, früher aufzubrechen – denn der gefährliche Übergang über die Isara liegt noch vor ihm. Und tatsächlich führt der Fluß viel mehr Wasser als üblich. Wieder einmal hat unser Händler keinen trockenen Faden mehr am Leib. Glücklicherweise gibt es am östlichen Steilufer der Isara eine Raststation. Weiter geht die Reise fast schnurgerade in südöstliche Richtung. Bei Isinisca kreuzt ein von Castra Regina nach Italien zurückreisender Veteran Sedullus' Weg. Die beiden wechseln ein paar Worte – über das Wetter natürlich, und darüber, daß es vielleicht gar nicht so schlecht sei, daß die aus Arabien stammende Verwandtschaft des Kaisers versuche, den Kult des Sonnengottes im Reich durchzusetzen ... Bei Pons Aeni überquert Sedullus den nächsten dieser wilden Bergflüsse, ausnahmsweise einmal trockenen Fußes – vor Jahren schon wurde hier eine Brücke gebaut. Bald wird der Händler den großen See erblicken und nach Bedaium kommen. Iuvavum ist dann nicht mehr weit ...

Unmittelbar nach der Eroberung des Alpenvorlandes begannen die Römer, die neue Provinz „Raetien" (sie umfaßte den Großteil des heutigen Südbayern, Teile Baden-Württembergs und der Schweiz) durch ein immer dichteres Netz von Straßen zu erschließen. Diese sechs bis acht Meter breiten, künstlichen Dämme – im Sumpfland gab es Knüppelwege, an Steigungen Hohlwege – waren in vielen Fällen sorgfältig gepflastert und ermöglichten so nicht nur den Legionen Roms, sondern auch Händlern ein rasches und müheloses Vorwärtskommen. Im Idealfall bestanden die Straßen aus einem Steinfundament, mehreren Kiesschichten und einer Abdeckung aus Kies und Sand oder einem Pflaster aus Steinen und Quadern. Damit das Regenwasser rasch abfließen konnte, waren die Straßen leicht gewölbt. Die Spuren dieser antiken „Autobahnen" sind bis heute zu sehen. Erkennbar sind nicht nur die Straßendämme, sondern auch die danebenliegenden Aushubgruben.

Hinweise auf eine Römerstraße können aber auch Ortsnamen geben, insbesondere solche mit dem Bestandteil „straß". Ursprung ist nämlich das lateinische „via strata", gepflasterter Weg. Und weder vor noch nach den Römern (bis weit ins Mittelalter hinein) wurden in unserem Gebiet Wege gepflastert.

Um das Jahr 170 hatten die Markomannen, ein germanischer Volksstamm, die Donau überquert und waren plündernd in Raetien eingefallen, ehe sie von den Militärs des Kaisers Marcus Aurelius zurückgedrängt wurden. Als der unfähige und grausame Sohn und Nachfolger des Marc Aurel, Commodus, im Jahre 192 ermordet wurde, brach im Reich erneut ein Bürgerkrieg aus, aus dem der Nordafrikaner Septimius Severus als Sieger hervorging. Er begründete die Dynastie der Severer, deren verwandtschaftliche Beziehungen bis in den Nahen Osten reichten. In den Kämpfen mit seinen Rivalen hatte Severus die Erfahrung gemacht, daß

das Straßennetz einer dringenden Renovierung bedurfte. Die
strategisch bedeutenden Fernverbindungen wurden ausgebaut –
Meilensteine aus den Jahren um 200 erinnern noch heute daran.
Die von dem Händler in unserer Episode benutzte Straße führte
von Augsburg nach Osten. Im Landkreis Dachau ist sie zwischen
den Orten Übelmanna und dem Petersberg als fast schnur-
gerader, bis zu einem Meter hoher Damm noch zu verfolgen.
Am Petersberg (hier wird von Heimatforschern ein römischer
Wachturm vermutet) gabelte sich die Straße. Ihr südlicher
Zweig überquerte die Glonn und führte – vorbei an einer römischen Villa, auf deren Spuren man vor Jahrzehnten stieß – relativ geradlinig auf die Amper nordöstlich von Dachau zu. Ab hier
verlief die Straße südwärts durch das Dachauer Moos; noch
heute heißt diese Strecke „Alte Römerstraße". Um an das vor-

angegangene Kapitel anzuknüpfen, ließen wir unseren Händler einen Umweg über die Aubinger Lohe machen, ehe er an der Würm entlang nach Süden zog, um in Gauting (Bratananium; dort fand man die Reste eines römischen Badegebäudes) auf die Fernstraße Augsburg – Salzburg (Iuvavum) zu stoßen.

Wo die Römer Chiemsee-Fische räucherten

Diese Fernverbindung ist in der Kopie einer antiken Straßenkarte, der „Tabula Peutingeriana", verzeichnet. Nach Auskunft eines römischen Reisehandbuchs betrug die Entfernung etwa 190 Kilometer. Bei Grünwald überquerte die Straße die Isar, führte dann über Kleinhelfendorf (möglicherweise das antike Isinisca) und Pfaffenhofen (Pons Aeni, „Brücke über den Inn") im Landkreis Rosenheim nach Seebruck (Bedaium) am Nordende des Chiemsees.

Namenspatron des Orts Bedaium ist nach Meinung der Forscher eine keltische Seegottheit. Auch heute noch, nach 1800 Jahren, hat der idyllisch am Nordende des Chiemsees gelegene Ort noch einiges

Ein Kelten-gott gab dem Ort sei-nen Namen.

Römische zu bieten: Die Kirche markiert den Standort des kleinen römischen Kastells, das möglicherweise in der Zeit Kaiser Marc Aurels errichtet wurde. Von den massiv gebauten Außenmauern dieser Befestigungsanlage sind etwa zehn Meter erhalten geblieben und begrenzen den Friedhof des Kirchleins. Gleich daneben wurde 1988 das kleine, aber feine Römer-Museum Bedaium eröff-

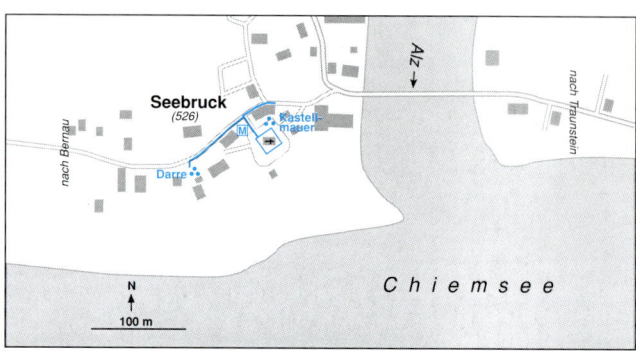

net, in dem der Besucher viel über das Alltagsleben der keltischen und der römischen Chiemsee-Anwohner erfährt. Etwa, daß die einheimische keltische Tracht in dieser Gegend noch bis um das Jahr 200 getragen wurde; daß die Häuser zum Teil aus Stein, zum Teil als Fachwerkbauten errichtet wurden und Glasfenster besaßen; daß bereits vor 1800 Jahren am Chiemsee intensiver Fischfang betrieben wurde. Bemerkenswerteste Ausstellungsstücke: zwei römische Holzfässer aus dem 2. Jahrhundert, die bei Ausgrabungen in einem ehemaligen Brunnenschacht gefunden wurden. Die Wissenschaftler vermuten, daß in den Fässern Lebensmittel aufbewahrt wurden. 100 Meter westlich des Museums an derselben Straße kann man die Reste einer sogenannten „Darre" besichtigen, in der die Römer von Bedaium Chiemsee-Fisch räucherten.

Im Römer-museum werden antike Holzfässer gezeigt.

K U R Z I N F O S

Besichtigungs-ziel	Überreste der römischen Straßenstation „Bedaium" (Kastellmauer, Museum, Darre zum Trocknen von Fischen).
Dauer	Ohne Museum etwa eine halbe Stunde.
Anfahrt	Mit dem Zug nach Prien, dann RVO-Bus 9520 Richtung Traunstein bis Seebruck; mit dem Auto auf der Autobahn München-Salzburg bis Ausfahrt Bernau; dann am Westufer des Chiemsees entlang bis Seebruck am Nordende des Sees. Parken in der „Römerstraße" bei der Kirche; rechter Hand das Römermuseum (Telefon 0 86 67/75 03); geradeaus führt ein Weg zur Kirche; links davon römische Steine und ein Teil der freigelegten Kastellmauer; zurück zur Römerstraße und etwa 100 Meter nach Westen – dort ist unter einem Schutzdach die 1985 ausgegrabene Darre zu besichtigen.

W E I T E R E   T I P S :

Langengern: Dieser Ort im Landkreis Dachau wird noch immer von einer alten Römerstraße durchzogen – die Häuser liegen fast einen Meter tiefer als der Damm der Ortsstraße. Man erreicht Langengern mit der S-Bahn (Linie A, Station Kleinberghofen; dann etwa 2,5 Kilometer Fußmarsch) oder mit dem Auto über die Autobahn München – Stuttgart, Ausfahrt Odelzhausen nach Langengern.

Hofolding: Auch im Hofoldinger Forst ist die Römerstraße besonders gut erhalten. Anfahrt: S-Bahn-Station Sauerlach (und dann mit dem Fahrrad nach Hofolding, etwa 5 Kilometer); Autobahn München – Salzburg, Ausfahrt Hofolding. Von Hofolding führt der Brühweg (später

Prielweg-Geräumt) nach Süden; nach etwa einem Kilometer stößt man im Fichtenwald auf den etwa einen Meter hohen, fünf Meter breiten, noch heute als Forstweg benutzten Straßendamm, der von Nordwest nach Südost beide Wege kreuzt (Hinweisschild); südlich der Straße antike Materialgruben vom Straßenbau.

Buchendorf: Hier zieht die Römerstraße direkt an einer keltischen Viereckschanze vorüber. Anfahrt: S-Bahn-Station Gauting (dann mit dem Fahrrad nach Buchendorf, etwa 4 Kilometer); mit dem Auto von München-Fürstenried über Neuried Richtung Gauting; nach dem Forsthaus Kasten links ab nach Buchendorf. Am nördlichen Ortsende von Buchendorf kreuzt von Gauting her kommend die Römerstraße (Feldweg bzw. Anliegerstraße) die moderne Straße; der Anliegerstraße etwa 100 Meter geradeaus nach Osten folgen (zuletzt auf Feldweg leicht bergauf); links im freien Gelände eine Keltenschanze.

10

Die „Villa rustica" von Möckenlohe

Bauern am Limes

Während im Hinterland der Handel seit zwei Jahrhunderten weitgehend unverändert über das Netz der Römerstraßen rollte, hatten die an der Nordgrenze des Reichs, dem Limes, angesiedelten Bauern bereits mit Problemen (und hin und wieder auch mit Eindringlingen) zu kämpfen: Die Vorboten der großen germanischen Völkerwanderung klopften gewaltsam an die Türen des Reichs. Ein römischer Bauernhof steht heute wieder – wie vor 1800 Jahren – im nördlichsten Winkel Oberbayerns, in Möckenlohe.

„Wenn das so weitergeht", schimpft Marcus Donatus Rusticus, „brauchen uns die Barbaren gar nicht mehr auszuplündern. Das besorgt schon das Militär, das uns vor ihnen schützen soll." Der Gutsherr, der seit der Unterstellung des Hofs unter die Armee eigentlich nur noch ein Gutsverwalter ist, hat sich in Rage geredet. „Ein schöner Schutz ist das, wenn man auf dem eigenen Grund und Boden nichts mehr zu sagen hat. Und das nur, weil der Kaiser, der Brudermörder Bassianus, nicht in der Lage ist, die Ordnung an den Grenzen aufrechtzuerhalten. ,Caracalla' nennen sie den

Imperator wegen seines modischen Mantels. Modischer Mantel, pah! Ein Barbar ist er. Wie soll der denn diese anderen, neuen Barbaren, die sich ‚Alamannen' nennen, bezwingen? Ich . . . " „Ich glaube, du hast genug geredet", fällt ihm sein Gast ins Wort. „Genug geredet und genug getrunken." Septimius Sedullus, der Händler, ist ein bedächtiger Mann. Jahrzehnte, die er auf den Fernstraßen des Imperiums zugebracht hat, haben ihn vorsichtig gemacht. Zu viele Kaiser hat er kommen und gehen sehen; noch mehr Menschen im Kampf Römer gegen Römer sterben sehen – oder einfach nur, weil sie zu offen ihre Meinung über die politischen Verhältnisse kundgetan haben. Wie dieser Limesbauer, bei dem Sedullus für diese Nacht Quartier gefunden hat.

Es ist ein lauer Sommerabend im Hügelland südlich der Alcmoennis. Der Hofherr, begierig auf Nachrichten aus Rom und den anderen Gegenden des Reichs, hat den Händler auf einen Becher Wein in den offenen Säulengang seines Bauernhauses, der „Villa rustica", eingeladen. Da sitzen die beiden Männer nun, schauen hinaus nach Süden in die sternklare Nacht und unterhalten sich über Kaiser und Imperium. Das heißt . . . eine richtige Unterhaltung ist es nicht geworden. Denn kaum hat Sedullus mehr erzählt als den üblichen Hauptstadtklatsch, kaum hat er begonnen, davon zu berichten, daß der Kaiser einen Feldzug zum Limes plant, um die Alamannen in ihre Schranken zu weisen, ist es aus dem Bauern herausgebrochen: Lieber heute als morgen würde er weggehen von hier. Vielleicht nach Süden, am liebsten nach Latium, in die Umgebung Roms. Seine Vorfahren stammen von dort. „Jupiter mag wissen, was sie dazu gebracht hat, sich hier niederzulassen – ich weiß es nicht", schimpft der Gastgeber. „Schau dir doch meine Villa an: Das Klima hier ist meist so rauh, daß du die Fenster für teures Geld verglasen mußt; bei den Wirtschaftsgebäuden habe ich sogar Tierhäute verwendet. Nur gut, daß wir Römer die Hypokaustenheizungen erfunden haben – glaub mir, im raetischen Winter würdest du sonst glatt erfrieren. Na ja", unterbricht sich der Bauer, „nicht alles ist schlecht hier: Wir haben Rinder, ein paar Schweine, Schafe, Hühner. Dazu den Getreideanbau. Bis jetzt hat das ja gereicht für meine Familie und mich. Da ist auch ganz schön was übriggeblieben, was wir frei verkaufen konnten. Auch an die Armee natürlich, aber zu unseren Bedingungen. Aber seitdem das Miltär auf allen Höfen das Sagen hat und alle paar Wochen ein Dekurio vorbeischaut … Ach, weißt du, es macht einfach keinen Spaß mehr, für andere zu produzieren." Der Bauer seufzt resigniert. „Und das Schlimmste ist, daß sie jetzt auch noch meine Pferde wollen. Am liebsten fast geschenkt! ‚Bereichert die Soldaten', hat der alte Kaiser seinen Söhnen gesagt. Ach was, sage ich – die bereichern sich schon selbst. Und wenn die Alamannen kommen... Wirst sehen: Meine Pferde werden es sein, auf denen unsere wackeren Limesverteidiger Reißaus nehmen!"

Am nächsten Morgen erwacht der Gutsherr mit brummendem Kopf. Der Händler, so erzählen ihm seine Knechte, sei bereits ganz früh abgereist. Schlechter Verlierer, denkt sich der Bauer. Denn nach der Diskussion haben sie noch eine Partie eines Brettspiels gespielt, das der Händler mitgebracht hat. Und er, der Bauer, der Provinzler, hat auf Anhieb gewonnen. Vielleicht, kommt es

Marcus Donatus in den Sinn, vielleicht habe ich gestern ein bißchen viel geredet. Hoffentlich kann der Mann seinen Mund halten, denkt der Limesbauer, während er zu den Pferchen mit den langhörnigen Rindern, den schwarzweißen Ziegen und den Wollschweinen geht.

Ein Freilichtmuseum der Römerzeit ist der nördliche Winkel Oberbayerns, der Landkreis Eichstätt. Zufall ist das nicht. Immerhin verlief hier die nördliche Reichsgrenze, der Limes, das Bollwerk gegen die Barbaren. Und südlich davon strategisch wichtige Fernstraßen, die zur Kaiserzeit den Limes mit dem Hinterland, mit der Provinzhauptstadt Augsburg und der Garnisonsstadt Regensburg verbanden. Oberhalb des Ortes Pfünz (vom lateinischen „Pons", Brücke) sind noch heute die rekonstruierten Überreste eines Kohortenkastells zu besichtigen. Der Ort hieß als Militärstützpunkt Vetoniana, bedeutend war er vor allem wegen seines Übergangs über die Altmühl (Alcmoennis). Von hier aus führte eine Römerstraße zum Kastell Kösching. Ihre Spuren sind noch heute im Wald auszumachen. Vom Lager Pfünz führt eine Straße in südlicher Richtung in den Wald – sie verläuft genau auf einer anderen ehemaligen Römerstraße. Diese Römerstraße führt – an Adelschlag und Pietenfeld vorbei, wo unter Äckern und Wiesen noch mehrere nicht ausgegrabene römische Höfe ihrer Erforschung harren – nach Möckenlohe, wo sie wieder auf die moderne Straße nach Nassenfels trifft. Nassenfels war in der Antike als Vicus Scutta-

rensium (also „Ort an der Schutter") ein wichtiges Verwaltungs-
zentrum. Den Namen des Ortes kennt man von einem Weihe-
stein der Bewohner, der in der Vorhalle der Kirche eingemauert
ist. Man muß sich die Siedlung als Miniaturausgabe einer römischen Stadt vorstellen – mit Badegebäuden, Tempeln, einem
Forum. Ob die mittelalterliche Wasserburg von Nassenfels auf
den Fundamenten eines römischen Kastells steht, ist umstritten.
Von der Bedeutung des antiken Nassenfels und dem Reichtum
seiner Bewohner zeugt aber noch eine kopflose Statue in der
Prähistorischen Staatssammlung in München, der berühmte
Togaträger. 1961 wurde das Standbild im Schutt eines alten römischen Steinbruchs gefunden.

Vielleicht wurde die Statue im selben Unglücksjahr 233 gestürzt,
als auch die „Villa rustica" von Möckenlohe ihr Ende fand. Damals, zwanzig Jahre nach unserer geschilderten Episode, überrannten die Alamannen den Limes (vgl. das folgende Kapitel)
und beendeten die römische Herrschaft nördlich der Donau. Ob
unser – erfundener – Marcus Donatus Rusticus hätte fliehen können, können wir nur vermuten. Und dürfen aufatmen: Die Ausgräber fanden keine Spuren, die auf ein gewaltsames Ende des
Bauernhofs am Limes hindeuten. Aus der Tatsache, daß nur
sechs Münzen (die letzte davon um 220 geprägt) geborgen
wurden, kann man vielmehr schließen, daß die Bewohner des
Hofs rechtzeitig ihre Sachen gepackt haben und abgewandert
sind. Vielleicht hätte also auch unser Marcus Donatus Rusticus
die Heimat seiner Ahnen wiedergesehen . . .

Bauernland seit 2000 Jahren

Mitten in dieser Landschaft, in der man auf Schritt und Tritt auf Spuren der Antike stößt, steht die „Villa rustica" von Möckenlohe. Die Grundmauern eines römischen Bauernhofs also? Mehr

Eine Sage und ein Luftbild führen zur versunkenen römischen Villa.

als das: Dort, im Land zwischen Altmühl und Donau, steht ein kompletter römischer Bauernhof, orginalgetreu vom Keller bis zu den Dachziegeln. Und zwar seit 1993.

Angefangen hat alles dreißig Jahre zuvor. Damals begann Michael Donabauer, östlich des Orts einen Aussiedlerhof zu errichten. Der Platz hatte es in sich: Unter einem flachen Hügel, so wußte es eine Ortssage zu berichten, sollte ein

Goldenes Kalb vergraben sein. Und die „Reichslimeskommission" war bereits 1926 auf römische Tonscherben im Eichstätter Museum aufmerksam geworden, die genau von diesem Ort stammen sollen. Das alles ließ dem Landwirt keine Ruhe. Er grub das Erdreich an der besagten Stelle an – und stieß auf Mauerreste. Um keine Schatzgräber anzulocken, deckte er die Mauern wieder zu. Zwanzig Jahre vergingen, ehe ein Luftbild Aufschluß über Form und Ausdehnung der unterirdischen Mauerzüge gab. Jetzt gab es keinen Zweifel mehr: Dicht neben Donabauers Aussiedlerhof hatte knapp zweitausend Jahre zuvor schon einmal ein Bauernhof existiert. Dann ging es Schlag auf Schlag: 1986 gründete Donabauer den Verein „Römervilla Möckenlohe". Im folgenden Jahr begannen die wissenschaftlichen

Grabungen. 1988 waren die Grundmauern freigelegt. Der Plan entstand, in Zusammenarbeit mit dem Bayerischen Landesamt für Denkmalpflege die Villa wieder aufzubauen. Originalgetreu, auf den alten Grundmauern, anhand der Grabungsbefunde und – soweit möglich – mit den antiken Baumaterialien. Die Rekonstruktion und das darin untergebrachte Museum wurden im September 1993 eingeweiht.

In Möckenlohe wird die Antike wieder lebendig.

Soweit die nüchterne Chronologie. Doch dahinter steckt sehr viel Engagement der Beteiligten und besonders Donabauers. Ihm genügte es nicht, die Sage zu kennen – er ging ihr auf den Grund. Ihm genügte es nicht, Grundmauern freilegen zu lassen – er wollte den antiken Hof wieder aufbauen. Und ihm genügte es nicht, ein interessantes, aber lebloses Museum zu präsentieren – er begann, die Antike wiederzubeleben. Dazu rekonstruierte er antike Erntemaschinen und begann, nach Tierrassen zu suchen, die den Haustieren der Römerzeit ähneln. Auch dabei wurde Donabauer fündig, und so tummeln sich in Pferchen hinter der „Villa rustica" mittlerweile ungarische Wollschweine, walisische Schwarznasenschafe, Steppenrinder, kleinwüchsige Pferde und großgewachsene Esel.

Im Museum selbst werden Funde von den Grabungen bei Möckenlohe gezeigt: Dachziegel, Teile der Fenstergitter, Reste der typisch römischen Fußbodenheizung („Hypokausten"), Schlüssel, Gefäßscherben, Spielsteine, Münzen ... Besonders interessant ist ein Gang in den Untergrund der Villa: Das Mauerwerk des Kellers mit seinem gestampften Lehmboden ist noch weitgehend original erhalten.

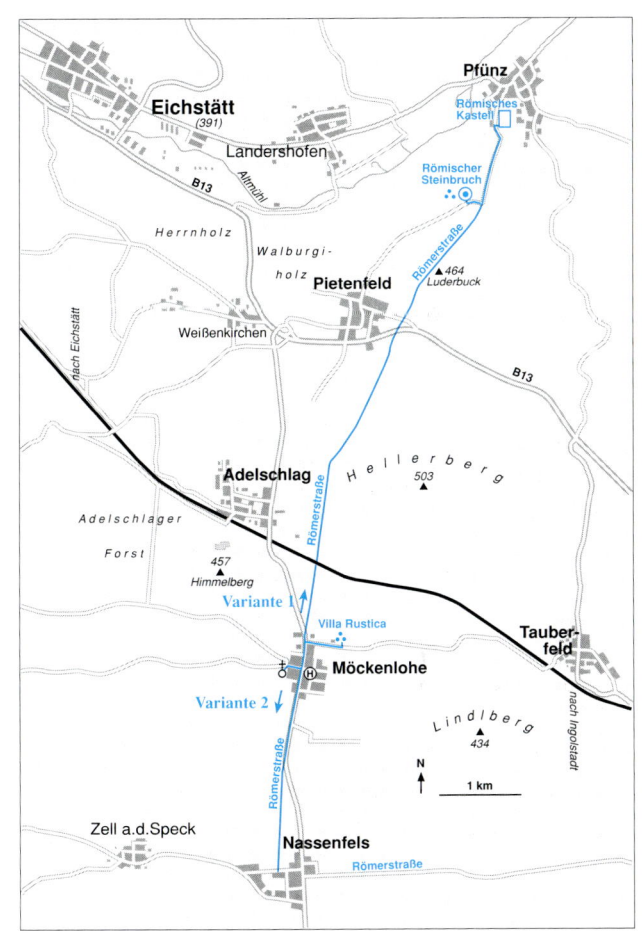

K U R Z I N F O S

**Besichtigungs-
ziel**

Rekonstruierter römischer Bauernhof und weitere antike Spuren südlich der Altmühl.

Dauer

Rundgang durch den Hof etwa eine Stunde; mit Ausflügen in die Umgebung Tagestour.

Anfahrt

Mit dem Zug über Ingolstadt / Treuchtlingen nach Eichstätt, dann RVO-Bus 9233 (Eichstätt-Ingolstadt), Haltestelle Möckenlohe; über die Autobahn München-Nürnberg (Ausfahrt Ingolstadt-Nord) auf der Bundesstraße 13 Richtung Eichstätt; hinter Pietenfeld nach Möckenlohe abbiegen.

Wegbeschreibung

Die Villa östlich des Dorfes ist ausgeschildert.

Besonderheiten

„Villa rustica" geöffnet von Palmsonntag bis Allerheiligen (werktags 15 bis 16 Uhr; samstags/sonntags 13 bis 17 Uhr).

11 Die Römerschanze von Grünwald

Leben in einem zerfallenden Weltreich

Um die Mitte des dritten Jahrhunderts ist das Römische Reich endgültig in die Defensive geraten. Äußere Feinde bedrohen die Grenzen, innere Unruhen kündigen sich an. Jetzt werden auch im Hinterland die Siedlungen befestigt. Ein Beispiel dafür ist die „Römerschanze" von Grünwald, eine Wallanlage auf einem Bergsporn über dem Isartal.

Claudius Divicus, der Schmied, kann sich über Mangel an Arbeit nicht beklagen. Die Provinz droht zum Kriegsschauplatz zu werden. Gut, daß man in solchen Zeiten immer Schmiede braucht, denkt sich Claudius. Schmiede sind seine keltischen Vorfahren schon immer gewesen; und Schmiede sind sie auch geblieben, als ihnen Kaiser Caracalla vor Jahren wie allen freien Reichsbewohnern das römische Bürgerrecht verliehen hat. Freilich, römische Bürger sollen schon standesgemäßer gewohnt haben. Aber die kleinen Häuser aus Lehmfachwerk ducken sich wenigstens hinter eine mächtige Mauer – mächtig genug jedenfalls, um marodierende Barbarenhorden abzuhalten. Sicherheit geht eben in diesen unruhigen Zeiten vor Bequemlichkeit. Für ein bißchen

105

Zerstreuung sorgt das Wirtshaus: Dort kann man sich mit durch-reisenden Händlern und Soldaten unterhalten.

Einer dieser Reisenden ist Marcus Virius Marcellus, ein Soldat, der gerade vom Heimaturlaub in Italien zu seiner Garnison an den Limes zurückkehrt. Nicht ganz billig, nicht ganz billig . . . Marcus Virius rechnet gerade nach, wieviel ihn wohl der Weihealtar kosten wird, den er bei seiner Rückkehr in seinem Kastell errichten lassen will. Aber schließlich, es geht ja um die Götter und um die eigene Karriere. Und mit der ist Marcus recht zufrieden: Decurio ist er, Zugführer, zudem jetzt schon zum drittenmal Lagervorstand. Es ist an der Zeit, sich bei den Göttern zu bedanken, die ihm bisher so gewogen waren, bei der Schicksalsgöttin Fortuna und bei Merkur, dem Gott der Reisenden. Und ein Reisender in Sachen Kriegsführung ist Marcus Virius wie jeder römische Soldat: gestern in Britannien, heute am raetischen Limes, morgen vielleicht in den Wüsten Nordafrikas. Apropos Wüste: Wenigstens die Teilnahme am jüngsten kaiserlichen Orient-Abenteuer ist Marcus erspart geblieben. Hoffentlich halten inzwischen die Barbaren nördlich der von Truppen fast entblößten Limesgrenze still, denkt Marcus. Und seufzt: Wen interessieren schon die Befürchtungen eines Decurio? Höchstens die Götter – und die will er mit der Errichtung des Weihealtars gnädig erhalten.

Marcus Virius Marcellus' Befürchtungen sollten nicht unbegründet sein: Zwar wurde der kaiserliche Feldzug nach Osten zum militärischen Erfolg; doch gleichzeitig und sicher nicht zufällig

106

überrannten die germanischen Alamannen die von Truppen entblößten römischen Grenzstellungen. Einige Römer hatten offenbar noch Zeit, ihre Münzschätze zu vergraben. Archäologen, die heute diese Münzen wiederfinden, können den Historikern damit wichtige Hinweise auf die Stoßrichtungen der alamannischen Angreifer geben. So wurde einer dieser Münzfunde aus dem Jahr 233 in München-Harlaching gemacht. Besonders schlimm erging es dem Limes-Kastell Pfünz und seiner Besatzung: Ausgräber fanden die Skelette der erschlagenen Wachen – die Soldaten hatten nicht einmal mehr Zeit gehabt, ihre Schilde zur Hand zu nehmen; die lagen, schön aufgereiht, bei einer Mauer des Tors. Das Kastell wurde nach der Katastrophe nie wieder aufgebaut. Betroffen war wahrscheinlich auch das Lager Kösching, in dem unser Marcus Virius Marcellus stationiert war. Wir wissen nicht, ob er den Alamannensturm überlebt hat; sein letztes – und für uns einziges – Lebenszeichen ist der am 23. Mai 231 aufgestellte Weihealtar. Dieser Altar mit der ungewöhnlich genauen Datumsangabe wurde im Jahre 1509 vom großen bayerischen Geschichtsschreiber Aventin in Untersaal an der Donau entdeckt. Heute kann man den Stein im Römermuseum der Burg Grünwald südlich von München besichtigen.

Scharfes Süppchen im römischen Kochtopf

„Zu Grünwald die Rittersleut ...", nun, die kennt man. Aber Römer? Ein Fehlgriff der Museumsmacher oder ein bewußter Rück-

griff auf die antike Geschichte des Ortes im Isartal? Letzteres, denn Grünwald hat tatsächlich eine römische Vergangenheit. Rund zwei Kilometer südlich des Ortes überquerte damals die wichtige Fernstraße Augsburg – Salzburg die Isar (vgl. das 9. Kapitel). Zwei große Steinblöcke liegen dort im Flußbett, der Georgen- und der Michaelstein. Früher hielt man sie für verwitterte Überreste der Römerbrücke. Sie sind aber natürlichen Ursprungs; auf der römischen Fernstraße passierte man die Isar entweder durch eine Furt, mit einer Fähre oder über eine Holzbrücke. Dort, wo die Römerstraße am östlichen Talhang wieder an Höhe gewinnt, soll nach einer Sage der Ort einer versunkenen Stadt sein.

Die „Stadt" gibt es wirklich. Es ist die sogenannte „Römerschanze" auf einem Bergsporn oberhalb des Isarübergangs. 1893/94 griff ein in Archäologie dilettierender Kollege unseres römischen Soldaten, der bayerische Generalmajor Carl Popp, zum Spaten. Popp entdeckte im innersten Abschnitt der dreieckigen, durch mehrere Wälle gegliederten Anlage die Steinfundamente mehrerer Gebäude. Vor allem aber konnte er nachweisen, daß unter dem mittleren Wall die Reste einer massiven Mauer aus Tuffstein und Gußwerk verborgen sind. Überragt wurde die Mauer von Türmen, die einen Tordurchlaß flankierten. An diese Mauer lehnten sich im Inneren offenbar einige Gebäude an – darunter eine Schmiede.

Die Sage hat recht: Die „versunkene Stadt" existiert.

Popp fand bei seinen Grabungen nämlich nahezu das komplette Inventar solch eines spätrömischen Handwerksbetriebs:

Zangen, Pfannen, einen Amboß, Hämmer, Meißel, dazu ein Beil, eine Sense, eine Sichel, zwei Sägeblätter, Brecheisen, Ringe, Beschläge...

Was der Schmied in unserer Episode im Wirtshaus zu sich genommen haben könnte, kann der Besucher im Burgmuseum Grünwald erfahren. Dort ist eine römische Küche rekonstruiert. Wichtigste Zutat zu vielen römischen Speisen war das „liquamen", eine scharfe Würzsoße, die aus vergorenen Fischabfällen gewonnen wurde. Antike Autoren überlieferten dafür Rezepturen, die unsere Mägen nur schwerlich überstehen würden. Im Grünwalder Burgmuseum erfährt man viel über den Alltag in der Provinz Raetien und in anderen Randgebieten des Reichs, über Religion und Grabkult, über den antiken Straßenverkehr. In

Antiker Alltag in mittelalterlichen Mauern.

110

einem Raum der Burg, in dem auch Funde aus der Römerschanze ausgestellt sind, erhält der Besucher einen Überblick
über die Vor- und Frühgeschichte des Münchner Gebiets.

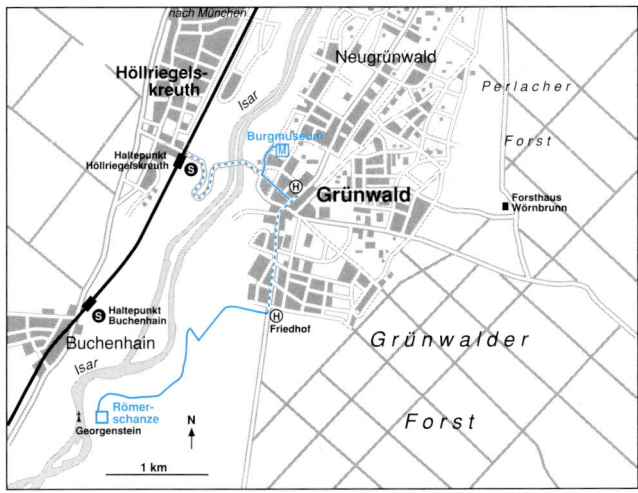

111

KURZINFOS

Besichtigungs-ziel Römerschanze; Römermuseum
(Telefon 0 89/ 6 41 32 18) in der Grünwalder Burg.

Dauer Etwa eineinhalb Stunden (ohne Museumsbesuch).

Anfahrt Mit der Straßenbahn Linie 25 von München bis zur Endstation in Grünwald oder mit der S-Bahn Linie 7 bis Großhesselohe (jeweils etwas längerer Anmarsch); mit dem Auto bis zu einem Parkplatz am südlichen Ortsende gegenüber dem Friedhof.

Wegbeschrei-bung Eine Wandertafel am Parkplatz zeigt den schönsten Weg: geradeaus bis zum Isar-Steilufer, dann links nach Süden solange an der Hangkante entlang, bis man auf einem Bergsporn auf die (in ihrer heutigen Form von einer mittelalterlichen Turmhügelburg stammenden) Wälle der Schanze trifft (etwa 30 Minuten); die römischen Mauerreste wurden unter dem Wall hinter dem tiefen Doppelgraben gefunden. Wer will, kann jetzt der Hangkante weiter folgen und dann auf einem Hohlweg zur Isar absteigen (Georgenstein).

Besonder-heiten Römermuseum Montag, Dienstag und im Winter geschlossen; Wanderung kann mit Tour 16 zu einem Tagesmarsch kombiniert werden.

12

Der Lorenzberg bei Epfach

Das Ende der Antike im spätrömischen „Abodiacum"

Um 400 nach Christus ging im Alpenvorland die Antike zu Ende. Die letzten regulären römischen Truppen wurden nach Italien zum Schutz des Kernlandes des inzwischen christlichen Römischen Reichs zurückgerufen. Die romanisierte Bevölkerung, die Schutz hinter den noch immer mächtigen Mauern der Garnisonsorte gesucht hatte, überließen die Kaiser ihrem Schicksal – und damit den neuen Herren, den Germanen. Auf dem Lorenzberg bei Epfach südlich von Landsberg am Lech sind Archäologen auf Spuren aus den letzten Tagen des Imperium Romanum gestoßen.

Nein, geheuer sind sie Lucius Valerius nicht, diese blonden Hünen, mit denen man sich kaum auf Lateinisch unterhalten kann. Da haben erst vor ein paar Jahren die Alamannen die kleine Hügelsiedlung in der Lechschleife niedergebrannt; und jetzt sind sogar germanische Hilfstruppen zur Verteidigung des Orts abkommandiert worden.

Und das ist noch nicht alles: Vor ein paar Tagen erst sind merkwürdige, dunkelhäutige Reiter vorbeigekommen. Merkwürdig waren die weiten, wallenden Gewänder, die sie trugen; noch merkwürdiger waren die langbeinigen Höckertiere, auf denen sie ritten; am merkwürdigsten aber war, daß sich die Fremden als römische Soldaten bezeichneten – und vom Festungskommandanten auch so behandelt wurden. Am Abend saßen sie abseits von den übrigen, ohnehin schon bunt zusammengewürfelten Bewohnern der kleinen, befestigten Stadt um ein Feuer und sangen in einer fremden, kehligen Sprache Lieder, deren Melodien so sehr nach Heimweh klangen, daß es Lucius fast die Kehle zuschnürte.

Ja, auch er hat so etwas wie Heimweh, nach dem Süden, nach Rom, obwohl er noch nie jenseits der Alpen gewesen ist. Lucius fühlt sich ganz und gar als Römer. Sein Großvater Valerius Sambarra, ein weitgereister Offizier, hat ihm früher viel von Rom erzählt: von den prächtigen Straßen und vielstöckigen Mietshäusern, vom Forum, den Palästen und Tempeln. Das klang so ganz anders als das, was Lucius seither erlebt hat. Hier, in der Grenzprovinz Raetien, sind die Straßen inzwischen holprig, schmal und verdreckt. Die Häuser, in denen Lucius aufgewachsen ist, in denen er seither gelebt hat, sind alle nicht viel besser gewesen als die windschiefe, strohgedeckte Hütte, in der er jetzt wohnt. Allerdings wohnt auch der Festungskommandant kaum komfortabler – einen Palast kann man seine Behausung direkt neben einem der neu errichteten Magazingebäude jedenfalls nicht gerade nennen. Und Tempel gibt es auch nicht mehr – der neue Kult der Christen mit seinem einzigen Gott hat die vielen alten Götter ab-

gelöst. Noch Lucius' Großvater, Valerius Sambarra, hatte nach einem Sieg über die Barbaren der Göttin Victoria einen Altar gestiftet. Doch das ist lange her; heute würde es niemand mehr wagen, sich öffentlich zu den Göttern des alten Rom zu bekennen. An manchen heiligen Tagen freilich schleicht sich Lucius zusammen mit anderen Menschen, die den Glauben an die Macht der alten Götter noch nicht völlig verloren haben, heimlich aus der Festung, um drüben, am anderen Ufer der Lica, geschützt vom Dickicht des Waldes die von den Großvätern überkommenen Riten zu vollziehen. Doch die Götter geben keine Antwort mehr; dem Römischen Reich, dessen Kaiser sich von ihnen abgewandt haben, scheinen sie ihre Gnade entzogen zu haben. Und mir auch, denkt Lucius.

Seit Monaten hat er keine rechte Arbeit mehr bekommen. Draußen, vor den Mauern der Festung, bestellt er mit der Hand einen kleinen Acker, um wenigstens das Notwendigste zum Leben zu haben. Hin und wieder kann er auch ein bißchen im Haus des Festungskommandanten mitarbeiten. Trostlos ist dieses Leben. Und dazu kommt die ständige Angst vor erneuten Überfällen der Barbaren. Wo soll das noch hinführen mit dem Imperium, denkt sich Lucius. Aber vielleicht wird ja der Kaiser bei seinem Besuch sagen, wie es weitergehen soll. Auf seinem Zug gegen die germanischen Quaden im Osten wird Valentinianus, das haben Boten gemeldet, auch nach Abodiacum kommen. Vielleicht, hofft Lucius, kann ich mich seinem Troß anschließen. Und vielleicht, ja vielleicht, werde ich dann doch eines Tages Rom sehen . . .

Vor 1600 Jahren

Der Ort Epfach am Lech, in dem unsere letzte Episode aus der Römerzeit spielt, kann auf eine 2000jährige Geschichte zurückblicken. Und tut dies mit sichtlichem Stolz: Ein nachgebildeter römischer Meilenstein, Informationstafeln und ein Miniaturmuseum lassen die römische Vergangenheit „Abodiacums" lebendig werden. Als Kreuzungspunkt zweier wichtiger Fernstraßen (der Via Claudia von Augsburg nach Italien und der Strecke Kempten – Salzburg) war dem Ort an der Lechschleife während der gesamten Kaiserzeit große Bedeutung zugekommen.

In spätrömischer Zeit hatte sich die Bevölkerung in den Schutz eines mauerbewehrten Hügels zurückgezogen. Im Alpenvorland entstanden allerorts befestigte Siedlungen; die einst mächtigen Römer waren selbst zu Belagerten geworden. Die Angst vor den Germanen saß tief und war begründet. Und selbst dicke Mauern waren als Schutz nicht immer ausreichend: Archäologen konnten nachweisen, daß um die Mitte des 4. Jahrhunderts die Siedlung auf dem Epfacher Lorenzberg niederbrannte. Bei den Kämpfen standen jetzt oft genug Germanen gegen Germanen. Manche der Eindringlinge aus dem Norden begaben sich gegen Siedlungsrecht nämlich gern in römische Dienste; und das Imperium wußte die Kampfkraft der Barbarenkrieger zu nutzen, gegen deren eigene Verwandte und bei Kämpfen im Inneren. Aus einem dieser Bürgerkriege war zu Beginn des 4. Jahrhunderts der Offizier Constantinus als Sieger hervorgegangen. Und er, später Konstantin der Große genannt, hatte einen seiner Rivalen (so will es die Legende) „im Zeichen des Kreuzes" bezwungen und im darauffolgenden Jahr dem Reich die Religionsfreiheit gegeben. Das alte Imperium Romanum verwandelte sich in ein christliches Kaiserreich. Die noch wenige Jahre zuvor blutig verfolgte Kirche wurde zur Stütze des Staates. 391 wurden alle heidnischen Kulte verboten. Im Verlauf der innerrömischen Auseinandersetzungen des 4. Jahrhunderts wurde auch eine Garnison auf den Lorenzberg verlegt. Wahrscheinlich waren darunter sogar Soldaten aus dem Orient: Archäologen fanden nämlich Kamelknochen in Epfach! Bald nach dem Jahr 400 wurden die letzten regulären Truppen nach Italien zurückbeordert. Rom überließ die Menschen in Raetien ihrem Schicksal.

Antike Festung am Ufer des Lech

Auf dem Lorenzberg in der Lechschleife bei Epfach indes scheinen sogar noch um das Jahr 400 größere Baumaßnahmen durchgeführt worden zu sein. Archäologen konnten die Grundmauern eines großen Magazingebäudes und einer kleinen Kirche nachweisen. Noch heute krönt eine Kapelle den baumbestandenen Lorenzberg. Die Wehrmauern der antiken Festung allerdings wurden vor (in historischen Dimensionen) gar nicht allzu langer Zeit abgetragen: 1830 wurden sie auf Abbruch verkauft – um damit die ersten Ausgrabungen auf dem Lorenzberg zu finanzieren. Grasüberwachsene Wälle und Gruben ziehen sich heute um den langgestreckten Hügel. An seinem Nordwestende steht eine Informationstafel über die

Vor 1600 Jahren

Um die Ausgrabungen zu finanzieren, wurden die Römermauern auf Abbruch verkauft.

historische Bedeutung des Lorenzbergs. Hier beginnt auch der kurze Aufstieg zur spätrömischen Festung. Oben, wo einst römische Torwächter nach feindlichen Barbaren Ausschau hielten, sind zwei behauene Römersteine aufgerichtet. Sie erzählen heute als stumme Zeugen vom Ende der Antike in Raetien ...

K u r z i n f o s

Besichtigungs-ziel	Spätrömische Wehrsiedlung und kleines Museum in der 2000jährigen Gemeinde Epfach („Abodiacum").
Dauer	Etwa eineinhalb Stunden.

118

Anfahrt	Mit dem Zug über Kaufering (umsteigen) nach Landsberg am Lech, weiter mit RVO-Bus 9824 nach Epfach; mit dem Pkw über die Autobahn München - Lindau; über Landsberg Richtung Schongau nach Epfach (B 17, die alte Via Claudia); Auto in der Ortsmitte beim Römermuseum abstellen.
Wegbeschreibung	Vom Museum durch den Ort Richtung Südosten zum Lech; am linken Ufer der Lechschleife folgen, bis man vor dem Südhang des Lorenzberges steht; hinauf zur Kapelle; vorbei an behauenen Römersteinen zum Nordfuß des Berges (Infotafel); zurückblickend sieht man die Gruben und Bodenwellen, die den Verlauf der 1830 abgebrochenen Wehrmauer markieren; zurück zum Ort; etwa 50 Meter nördlich des Museums Nachbildung eines römischen Meilensteins.
Besonderheit	Informationstafeln.

W E I T E R E   T I P S :

„Pons Aeni" am Inn: Den Weihealtar des Valerius Sambarra an die Siegesgöttin gibt es tatsächlich. Er steht in der Vorhalle der Pfarrkirche von Prutting, östlich von Rosenheim. Die Inschrift auf dem schön verzierten Altarstein berichtet von einer für die Römer siegreichen Schlacht am 27. Juni 310. Archäologen haben immer wieder vermutet, daß als ursprünglicher Standort eigentlich nur „Pons Aeni" in Frage kommt, wo in spätrömischer Zeit tatsächlich Militär stationiert war. Bei Pons Aeni führte eine Brücke über den Inn. Beim Ort Leonhardspfunzen (Pfunzen ist eine Ableitung vom römischen „Pons Aeni") stoßen wir auf ein weiteres Relikt aus spätrömischer Zeit: Am Fuß des Innsteilufers steht seit dem 18. Jahrhundert eine dem heiligen Leonhard geweihte Kapelle. Bei dieser Kapelle entspringt eine Quelle, deren Heilkraft bis in die zwanziger Jahre hinein einen regelrechten Kurbetrieb zur Folge hatte. 1950 untersuchte man den vom eisenhaltigen Wasser rotbraun verfärbten Brunnentrog neben der Kapelle etwas genauer: Es handelt sich um einen auf den Kopf gestellten römischen Altarstein.

Anfahrt und Wegbeschreibung: Mit dem Zug nach Rosenheim und zu Fuß über die Innbrücke ca. 20 Minuten zum Ortsteil Schloßberg; mit dem Pkw über die Autobahn München – Salzburg, Ausfahrt Rohrdorf; auf der U 73 nach Norden bis zur Innbrücke, die Rosenheim mit dem Ort Schloßberg verbindet; die Straße überqueren und weiter auf einem Sträßchen den Inn entlang; bei einer Weggabelung rechts (Allee); weiter auf dem schmalen Sträßchen durch den Wald; an einer Weggabelung halblinks; vorbei an Fischzucht und ehemaligem Kurhotel zur Leonhardsquelle; von hier aus noch etwa 700 Meter nach Dobl, wo Forscher ein ausgedehntes römisches Gräberfeld und Befestigungsanlagen von der Stein- bis in die Römerzeit entdeckten; zurück zur Rosenheimer Innbrücke und (links) über Schloßberg Richtung Endorf nach Prutting (Römeraltar in der Vorhalle der Kirche).

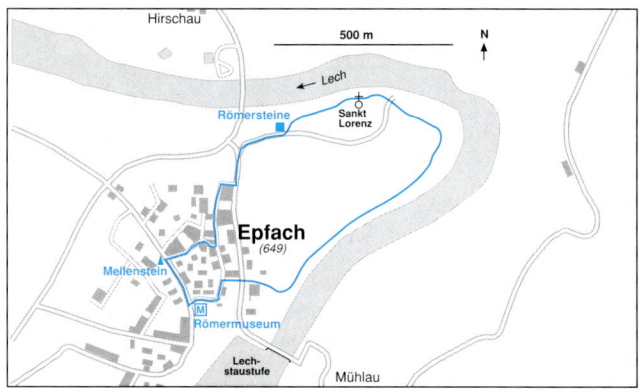

13

Tödlicher Justizirrtum in Kleinhelfendorf

Auf den Spuren bajuwarischer Herzöge und Heiliger

Mit dem Ende des Römischen Reichs begann in Südbayern ein dunkles Zeitalter. Für Jahrhunderte fehlen schriftliche Quellen fast vollständig. Als sich der Nebel der Völkerwanderungszeit wieder lichtet, haben die Bajuwaren das noch heute nach ihnen benannte Land in ihrem Besitz; sie werden regiert vom Herzogsgeschlecht der Agilolfinger. Diese Familie wird um das Jahr 700 in einen Justizmord verstrickt. Das Opfer: ein Bischof und Heiliger. Der Ort: Kleinhelfendorf.

Herzöge und Herzogskinder, Bischöfe – und Bischofskinder? Gerechtes Urteil oder Justizirrtum? Hinrichtung oder Mord? Chrodulf schwirrt der Kopf: In was für eine Geschichte ist er da hineingeraten … Vor einer Woche hat die schier unglaubliche Botschaft den Herzogshof in Radaspona erreicht: Bischof Haimhram ist auf der Reise nach Italien getötet worden, und zwar von Lantpert, dem Sohn Herzog Theodos. Damit aber nicht genug: Angeblich sei der fromme Mann der Vater des Kindes, das Herzogstochter Uta erwartet! Was ist tatsächlich passiert, am

Herzogshof in der alten Römerfestung und in der kleinen Straßenstation auf dem Weg nach Süden?

„Chrodulf, du mußt nach Helphindorf", hat Herzog Theodo zu ihm gesagt. Und der bajuwarische Krieger hat sich auf den Weg gemacht. Seit zwei Tagen ist er jetzt hier, hat sich in der Herberge einquartiert, in der auch Haimhram gewohnt hatte, und hat begonnen, Augenzeugen zu befragen. Und das ist ihm berichtet worden: Ja, der Bischof habe hier Station gemacht. Dann seien Reiter aus Norden gekommen, fünf oder sechs. Einer von ihnen habe sich als Lantpert, der Bruder der schwangeren Herzogstochter, zu erkennen gegeben und den Kirchenmann beschuldigt, der Kindsvater zu sein. Der habe das – so zumindest haben die Zeugen berichtet – auch gar nicht bestritten.

Chrodulf kann das nicht glauben: Er hat den Mann aus Südgallien selbst gut gekannt. Bischof Haimhram und ein uneheliches Kind? Alles, nur das nicht, denkt Chrodulf. Vielleicht, kombiniert er weiter, haben die Augenzeugen (und wohl auch Lantpert, der bei Hof ohnehin nicht als der intelligenteste unter den Herzogssprößlingen gilt) den etwas verqueren südfränkischen Dialekt des Bischofs nicht richtig verstanden. Für den frommen Mann jedenfalls hatte das fatale Folgen: Wie entfesselt sei Lantpert auf einen Stein gesprungen (auch den hat sich Chrodulf zeigen lassen) und habe von dort aus sein „Urteil" verkündet: Der Schänder seiner Schwester müsse getötet werden, jetzt, hier, auf der Stelle. Die Männer aus seinem Gefolge hätten den Befehl sofort ausgeführt und Haimhram auf eine Leiter (andere Zeugen wollen sich an einen großen Findling erinnern) gelegt. Dort sei der

Bischof ausgezogen und – der kampferprobte Krieger Chrodulf kann sich die Szene nur mit Schaudern vorstellen – buchstäblich in Stücke geschnitten worden. Ohren und Nase habe man ihm abgetrennt, berichten Zeugen. Und andere wissen noch mehr grausige Details: Die Folterer hätten dem Bischof auch die Augen und die Zunge herausgerissen. Lantpert und seine Henkersknechte hätten ihr Opfer einfach liegengelassen und seien, blutbespritzt wie sie waren, davongeritten.

Nach diesen Schilderungen ist Chrodulf froh, daß er die Leiche nicht mehr begutachten kann. Der sterbende Bischof sei, haben Bauern berichtet, von seinen Anhängern auf einen Ochsenkarren gelegt und fortgeschafft worden. Wohin? Keine Ahnung, jedenfalls sei der Zug auf der alten Römerstraße nach Nordwesten verschwunden. Zurückgeblieben seien die abgeschnittenen Gliedmaßen des Geschundenen, die die abergläubischen Helphindorfer (nach dem Warum möchte Chrodulf lieber nicht fragen) unter einer Hecke versteckt haben. Doch da hat Chrodulf sie nicht mehr gefunden. Zwei Reiter seien nämlich gekommen und hätten die Überreste des frommen Märtyrers mit sich genommen, erzählen die Dorfbewohner.

Mysteriös, denkt Chrodulf. Wie die ganze Geschichte. Kann sich Bischof Haimrham wirklich so sehr vergessen haben? Wenn er aber nicht der Kindsvater war, warum hat er sich gegen die Anschuldigungen nicht verteidigt? Und, auf der anderen Seite, warum hat man ihn nicht vor ein ordentliches Gericht gestellt – in Rom etwa, wie es Haimhram selbst angeboten haben soll. Irgend etwas stimmt nicht, denkt sich Chrodulf. Was, das werde ich noch herausbekommen.

Wochen später: „Schicken wir sie doch nach Italien!" Chrodulf ist froh, daß Herzog Theodo diesen Satz sagt. Italien – das ist es: Dort haben schließlich schon einmal Agilolfingersprößlinge ihr Glück gemacht; warum also nicht auch Uta und Lantpert. Außerdem, so ist zu hoffen, wird sich die Kunde von der pikant-peinlichen Affäre mit anschließendem Bischofsmord noch nicht bis dorthin herumgesprochen haben. Denn daß es ein Mord war, steht jetzt fest – dank der hartnäckigen Ermittlungen Chrodulfs. Allein deshalb ist er schon froh, daß der impulsive und rachsüchtige Lantpert vom Hof entfernt wird. Nach Regensburg zurückgebracht wurde dagegen der Leichnam des Kirchenmannes. In der Kirche von Aschheim – auf dem Weg dorthin war der grausam Verstümmelte gestorben – hat man nach mehrwöchiger Suche sein Grab entdeckt, den Toten exhumiert und über Isar und Donau nach Radaspona gebracht. Dort ist der Märtyrer feierlich in der Georgskirche beigesetzt worden. In Helphindorf aber, so ist Chrodulf von Gewährsleuten berichtet worden, sollen sich am Marterort des frommen Mannes bereits die ersten Wunder ereignet haben . . .

Wir haben unseren Fahnder Chrodulf in einer Zeit angesiedelt, in der sich die Grundlagen des mittelalterlichen Bayern herausbildeten. 150 Jahre zuvor hatte sich aus germanischen Stammessplittern der Völkerwanderung, aus im Lande gebliebenen Römern und romanisierten Kelten der neue Stamm der Bajuwaren gebildet. Regiert wurden die Bajuwaren vom Herzogsgeschlecht der Agilolfinger, einer Sippschaft, der abwechselnd burgundische, thüringische, langobardische und – am wahrscheinlichsten – fränkische Abstammung zugeschrieben wird. Der neue Stamm war nämlich schnell in ein Abhängigkeitsverhältnis vom Frankenreich geraten. Daß gerade die Agilolfinger der Zeit um 700 relativ selbständig schalten und walten konnten, lag an der inneren Schwäche des Franken-Imperiums in diesen Jahren. Insbesondere zum Langobardenreich in Italien, das zu dieser Zeit von einer agilolfingischen Nebenlinie regiert wurde, unterhielten die Bayern beste Beziehungen.

Knapp hundert Jahre nach den in unserer Episode geschilderten blutigen Ereignissen von Kleinhelfendorf (Landkreis München) enthüllte Bischof Arbeo von Freising in einer Biographie des heiligen Emmeram (Haimhram), was den frommen Mann ins Martyrium getrieben hatte. Es war offenbar die Sorge um sein Beichtkind – Herzogstochter Uta eben. Diese hatte ihre folgenreiche Mesalliance mit einem jungen, aber wohl nicht standesgemäßen Bajuwaren gebeichtet. Bischof Emmeram hatte daraufhin angeregt, sie möge doch ihn, den Bischof, als Kindsvater angeben. Er wollte sich, zumindest bis der Sturm vorüber wäre, auf Pilgerreise nach Rom begeben. So zumindest schildert Arbeo den Fall. Von ihm stammen auch die grausigen Details des in unserer Geschichte geschilderten Emmerams-Martyriums.

Wer heute Arbeos Heiligenvita liest, dem geht es über weite Strecken wie unserem frühmittelalterlichen Kommissar Chrodulf: Es paßt alles irgendwie nicht so richtig zusammen. Emmerams Martyrium soll nämlich bereits im Jahre 652 stattgefunden haben, aus dieser Zeit ist aber kein Herzog Theodo überliefert.

Den gab es zwar, er regierte aber etwa von 680 bis 717. Kinder hatte dieser historische Theodo auch: nämlich Theodebert, Theodoald, Grimoald und Tassilo; ein Lantpert und eine Uta werden aber nur in einigermaßen zweifelhaften historischen Quellen genannt. Und die Geschichte mit der unsterblich in einen armen Ritter verliebten Herzogstochter hört sich weniger nach wirklicher Historie denn nach einem pikant gewürzten Histörchen an. So weiß die Geschichtswissenschaft in diesem Fall eigentlich nur, daß sie nicht viel weiß: Irgendwann kurz vor dem Jahr 700 erlitt im Herzogtum Bayern ein aus dem Frankenreich stammender Missionsbischof Emmeram das Martyrium.

Spurensuche am Tatort

Was ist Legende, was historische Wahrheit? Folgen wir den Spuren unseres fiktiven Fahnders Chrodulf nach Kleinhelfendorf im Landkreis München. Auf den ersten Blick ein Bauerndorf wie viele andere in Oberbayern. Einige Bauernhöfe, ein Wirtshaus gruppieren sich um die Pfarrkirche mit ihrem Zwiebelturm.

In der Kapelle liegt der „Marterstein".

Dann die erste Besonderheit: Das Dorf besitzt eine zweite Kirche am westlichen Ortsrand. Man öffnet die Tür zu dem Barockbau – und steht, nur durch ein Gitter von ihm getrennt, vor Bischof Emmeram in der Stunde seines Martyriums. Der Heilige liegt auf einer Leiter auf einem Findling, dem „Marterstein"; vier Folterknechte schinden seinen Körper mit Messern und Äxten. Die realistischen, lebensgroßen Holzfiguren stammen aus dem Jahr 1789. Vor dem Kirchenportal stößt man auf eine kleine Kapelle. Hier sollen die abgeschlagenen Gliedmaßen des Wanderbischofs versteckt gewesen sein, ehe sie von den geheimnisvollen Reitern mitgenommen wurden.

Ein Feldweg, der von Nordwesten kommend auf den Ort zuführt, ist Überrest einer einst bedeutenden Fernverbindung – der Römerstraße von Augsburg nach Salzburg (vgl. Kapitel 9). Wissenschaftler vermuten im Raum Helfendorf die römische Straßenstation „Isinisca". Freilich sind die bislang in und um Helfendorf gemachten Funde aus der Römerzeit noch etwas dürftig: ein paar Scherben, einige Münzen, zwei Fibeln (Gewandspangen). Die römische Ost-West-Verbindung wurde bei Helfendorf von

einer Nord-Süd-Trasse gekreuzt. Auf dieser Römerstraße, die offensichtlich im Frühmittelalter noch immer rege benutzt wurde, könnte Emmeram seinen erfolglosen Fluchtversuch von Regensburg Richtung Italien unternommen haben. Auf derselben Straße aber näherten sich auch seine Verfolger.

Den Stein, von dem aus Herzogsohn Lantpert sein Todesurteil über den Bischof gesprochen haben soll, gibt es noch immer. Er ragt unweit der Pfarrkirche zwischen dem Wirtshaus und einem Bauernhof aus dem Asphalt, wahrscheinlich ein Trittstein, der Berittenen das Auf- und Absteigen erleichtern sollte. Gleich daneben die Emmeramsquelle, aus der der Heilige bei seiner Rast getrunken haben soll. Im 17. Jahrhundert wurde über der Quelle eine Brunnenkapelle errichtet, das Wasser galt als heilig und damit heilkräftig, es soll gegen Augenkrankheiten und Fieber helfen.

Die Quelle des Heiligen hilft gegen Augenleiden und Fieber.

Heilige Steine, eine heilige Quelle, das alles an einem alten Römerort; dazu noch die merkwürdige Geschichte vom abergläubischen Umgang der Ur-Helfendorfer mit den abgeschlagenen Gliedmaßen des Heiligen und vom Auftreten der zwei mysteriösen Reiter – der Verdacht auf ältere, auf vorchristliche Wurzeln dieses heiligen Ortes liegt nahe. Und es ist nicht die offizielle Archäologie, die uns bei unserer Spurensuche weiterhilft: Anhaltspunkte gibt der katholische Kirchenführer von Kleinhelfendorf. Dieser weist nämlich auf Wälle oberhalb des Emmeramsbrunnens hin und deutet sie als Überreste eines heidnischen Heiligtums, zu dem auch die spätere Emmeramsquelle gehört haben könnte.

Beweisen läßt sich nicht alles an diesem Ort, der so mit sakralen und historischen Geheimnissen verwoben ist; vermuten hingegen vieles. Und so geht es dem modernen Besucher Kleinhelfendorfs nicht viel anders als seinem frühmittelalterlichen Vorgänger Chrodulf.

K U R Z I N F O S

Besichtigungs-ziel	Heilige Quelle, Kapellen und andere Orte aus der frühmittelalterlichen Emmerams-Legende.
Dauer	Rundgang durch den Ort mit Besichtigung etwa eine Stunde; dazu Anmarsch (etwa 25 Minuten) bzw. Anfahrt vom S-Bahnhof.

Anfahrt

Mit der S-Bahn-Linie 1 zum Bahnhof Großhelfendorf; mit dem Pkw von München über die Autobahn A 8 bis zur Ausfahrt Hofoldinger Forst, über Hofolding und Aying nach Groß- bzw. Kleinhelfendorf.

Wegbeschreibung

Vom S-Bahnhof kurz rechts, dann links hinauf zum Ort Großhelfendorf; dort die Rosenheimer Straße überqueren, aber nicht der Ausschilderung nach Kleinhelfendorf, sondern der nach Heimatshofen folgen; wenige Meter nach den letzten Häusern von Großhelfendorf führt rechts ein Feldweg nach Kleinhelfendorf – es ist der letzte Rest der alten Römerstraße; in Kleinhelfendorf auf der Ortsstraße nach links weiter; linker Hand am Hang die Wälle des vielleicht vorchristlichen Heiligtums (möglicherweise handelt es sich aber auch um die Reste eines mittelalterlichen Turmhügels zur Überwachung der Straße); wo die Straße zwischen einem Bauernhof und der Gastwirtschaft nach rechts abbiegt, steht am Hangfuß die Brunnenkapelle; gegenüber der „Gerichtsstein"; weiter zur Pfarrkirche und – den Rundgang durch das Dorf vollendend – zur Marterkapelle am westlichen Ortsrand mit dem Marterstein und der Figurengruppe; neben der Kapelle an dem Platz, an dem der Legende nach Emmerams Gliedmaßen versteckt gewesen sein sollen, Bildstock mit der Emmerams-Legende; über Großhelfendorf zurück zur S-Bahn.

Besonderheiten

Kleinhelfendorf gilt als besonders unverfälscht erhaltenes Beispiel eines oberbayerischen Kirchdorfs.

14 Sankt Marinus am Irschenberg

Frühe christliche Glaubensboten und alte heidnische Kulte

Obwohl das heutige Oberbayern schon vor 1300 Jahren offiziell „gut katholisch" war, lebten im Glauben des einfachen Volkes noch immer vorchristliche Überlieferungen fort. Die alte mit der neuen Lehre auszusöhnen und so zu missionieren, hatten sich Wandermönche zum Ziel gesetzt. Zumeist stammten sie aus keltischen Ländern – und waren vielleicht deshalb gerade in Bayern so erfolgreich. Einer dieser Missionare, Marinus, lebte und starb am Irschenberg.

Urso kann sich nicht genug wundern über den Fremden, der vor wenigen Tagen im Dorf aufgetaucht ist: ein hochgewachsener, hagerer Mann mit langem Haar, braunem Bart und wallenden Gewändern. Das Merkwürdigste an ihm sind seine schwarzblau geschminkten Augen. Er spricht nicht viel, und das wenige, was er spricht, ist in einem Dialekt, der wohl Anklänge an die rauhe Sprache der Bewohner des Voralpenlandes hat, den sie aber gleichwohl nur bruchstückhaft verstehen. Um so besser verstehen sie die Taten des Fremden: Droben auf dem Hügel, mit Blick auf die mäch-

131

tige Kette der Berge, baut er eine hölzerne Hütte. Doch es ist nicht nur eine Hütte (äußerlich unterscheidet sie sich kaum von den armseligen Behausungen der Bauern) – es ist eine Demonstration. Eine Demonstration, daß der Gott des fremden Mannes endgültig an die Stelle der alten Götter zu treten gedenkt. Das verstehen die Dorfbewohner rasch. Denn der Platz, an dem der Fremde – Marinus heißt er – seine Hütte baut, ist seit Urzeiten heiliger Boden. Dort, zwischen den mächtigen, verknorpelten Bäumen und an der Quelle, die ein Stück hangabwärts entspringt, haben Ursos Vorfahren seit Jahrhunderten zu ihren Göttern gebetet, haben Opfergaben hineingeworfen. Und jetzt ist dieser Fremde gekommen. Aber das Merkwürdige ist: Er befiehlt ihnen nicht, ihren Göttern abzuschwören, er erzählt von seinem Gott. Wo die Sprache nicht ausreicht, tut er das mit Zeichen und Gesten. Und er versteht ihre alten Sitten und Gebräuche. Vielleicht kennt er sie ja aus seiner Heimat? Gerade vollzieht der Fremde ein magisches Ritual, das die Dorfbewohner nur zu gut kennen: Seinen Ring wirft Marinus in die heilige Quelle. Aber was tut er jetzt? Mit dem heiligen Wasser besprengt er all diejenigen, die ihm zu verstehen geben, daß auch sie an seinen Gott glauben wollen. Urso ist unter ihnen.

Plötzlich unterbricht ein Schreckensruf den feierlichen Ritus: „Die Barbaren kommen!" Und da sind sie auch schon, wilde Krieger, denen nichts heilig ist, die es auf Raub und Plünderung abgesehen haben. Entsetzt rennen die Dorfbewohner davon, versuchen, Schutz im nahegelegenen Dickicht des Waldes zu finden. Nur einer bleibt unerschütterlich bei der Quelle stehen: Marinus. Das letzte, was Urso von dem heiligen Mann sieht, ist, wie dieser ganz *langsam niederkniet; ein Angreifer mit erhobener Axt stürmt auf ihn zu...*

Als sich die Dorfbewohner wieder aus ihren Verstecken wagen, ist Marinus tot, ermordet von den Barbaren. Ein Bote bricht auf zu Marinus' Gefährten Anianus, der auf der anderen Talseite wohnt. Es dauert nicht lange, und der Bote kehrt zurück – mit einer weiteren Schreckensnachricht: Er habe, berichtete er, Anianus gefunden, wie schlafend, den Kopf auf einen dieser alten heiligen Steine gebettet, ein zufriedenes Lächeln auf dem Gesicht – aber tot. Offenbar war er zur selben Stunde wie sein Gefährte von seinem Gott zu sich gerufen worden.

Urso ist selbst dabei, als die sterblichen Überreste der beiden heiligen Männer begraben werden. Er schwört sich und seinem neuen Gott, das Grab der beiden zu pflegen. Und die Erinnerung an die Heiligen vom Irschenberg lebendig zu halten. Wenn ich einmal Enkel habe, denkt er sich und blickt dabei über den flachen Grabhügel hinweg, zwischen den alten, knorrigen Bäume hindurch zu den Bergen, werde ich ihnen von Marinus und Anianus erzählen. Dabei weiß ich nicht einmal, woher die beiden heiligen Männer gekommen sind.

Der modernen Forschung geht es nicht viel anders. Die Herkunft der Irschenberg-Heiligen Marinus und Anianus ist noch immer ungeklärt. Während die einen aufgrund der Namen an eine südfranzösische Herkunft denken, hält sich daneben noch immer die Auffassung, Marinus und Anianus seien irische

Wandermönche (sogenannte „Scoten") gewesen. Dieser Theorie sind wir bei der Schilderung des Aussehens des heiligen Marinus gefolgt. Weitergedacht würde das bedeuten: Die beiden Heiligen wären Kelten gewesen – und ein kräftiger Schuß keltischen Blutes war sicher auch bei den Bewohnern des Irschenbergs noch immer vorhanden. Das würde die Akzeptanz erklären, auf die Marinus und Anianus (wie viele andere iroschottische Wandermönche als christliche Nachfahren der keltischen Druiden auch) gestoßen sind. Doch: Gab es die beiden Heiligen überhaupt? Oder handelt es sich möglicherweise um eine fromme Legende ohne geschichtlichen Hintergrund? Man darf heute mit Sicherheit davon ausgehen: Marinus und Anianus sind historische Persönlichkeiten, Missionare, die offenbar im späten 7. Jahrhundert den Märtyrertod erlitten, deren Gebeine Mitte des 8. Jahrhunderts wiedergefunden und feierlich bestattet wurden.

Die beiden barocken Kirchen der Einöde Wilparting am Irschenberg kennen zahllose Italienreisende. Der Blick von der Höhe des Irschenbergs über die inmitten saftiggrüner Wiesen stehenden Sakralbauten auf die Kette der bayerischen Alpen mit dem beherrschenden Wendelstein ist ein Inbegriff bayerischer Voralpenlandschaft. Ein kurzer Aufenthalt macht schnell deutlich, welche historischen Schichten auch an einem solchen, auf den ersten Blick „nur idyllischen" Ort zu entdecken sind.

Heilige Bäume, heilige Quellen

Der Irschenberg im Landkreis Miesbach liegt wie eine natürliche Aussichtskanzel im bayrischen Voralpenland. Der Name „Irschenberg" geht auf eine römische Wurzel („ursus" = der Bär) zurück. Vor der Wilpartinger Kirche stehen mächtigen Bäume, von denen behauptet wird, sie zeigten die Stelle eines ehemaligen Kult- oder Gerichtsplatzes an. Da sind die beiden Kirchen, die größere den Heiligen Marinus und Anianus geweiht und über der Begräbnisstätte der Märtyrer errichtet; die kleinere, achteckige Veitskapelle soll an der Stelle der Marinus-Zelle errichtet worden sein. Ausgrabungen haben gezeigt, daß beide Kirchen zumindest bis ins hohe Mittelalter zurückreichen – ein erster

Schon vor 1000 Jahren stand eine Kirche am Irschenberg.

Sakralbau schon im 8. Jahrhundert ist indes nicht auszuschließen. Und da ist, ein Stück bergab bei einer Baumgruppe, die hölzerne, leider arg verfallene Brunnenkapelle des Marinibrünnls, der heiligen Quelle, in die Marinus seinen Ring geworfen haben soll, aus der möglicherweise die ersten Christen am Irschenberg getauft wurden. Leider ist die Quelle heute abgedeckt, die früher dem Wasser zugeschriebene Heilkraft allmählich in Vergessenheit geraten.

Im nahegelegenen Weiler Alb steht die Anianus-Kirche. Auch dort entspringt eine heilige Quelle. Und auch dort steht eine kleine Kirche. Die Bäuerin verwahrt den Schlüssel (der ebenfalls vorhandene Hofhund ist zwar recht lebhaft, aber angeblich ungefährlich . . .). In der romanischen, im Barock umgestalteten Kirche stößt man wie in Wilparting auf gemalte Szenen aus dem Leben der Heiligen. Und, hinter einem Gitter an der linken Seitenwand, auf einen merkwürdig geformten Stein, den „Gebets-" oder „Ruhestein" des heiligen Anianus. Ein Tuffsteinbrocken mit einer schalenförmigen Vertiefung. Ein „steinerweichendes" Gebet? **Ein Hofhund bewacht den Stein des Heiligen.** Ein Stein, der sich verformt haben soll, um dem heiligen Mann bequemer zu sein? Das macht stutzig – bekam hier ein uralter Steinkult ein christliches Gewand?

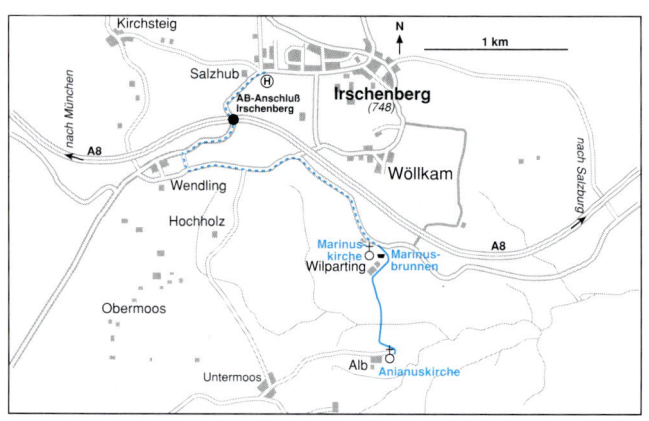

Besichtigungsziel	Heilige Plätze, Quellen und Kapellen am Irschenberg.
Dauer	Zwei bis drei Stunden.
Anfahrt	Vom Münchner Hauptbahnhof aus RVO-Bus 9500 nach Irschenberg; mit dem Pkw auf der Autobahn München - Salzburg, Ausfahrt Irschenberg; zur Marinus-Kirche von Wilparting (ab Ausfahrt etwa 2 Kilometer).
Wegbeschreibung	Kirchenbesichtigung; dann hangabwärts nach Osten zur hölzernen Brunnenkapelle; zurück zur Kirche und (nach links) über Wiesen nach Süden (Fußsteig nach Alb); jenseits des Tals hinauf nach Alb (Anianus-Kirche in einem Bauernhof); auf demselben Weg wieder zurück.

| Besonderheiten | Von Wilparting herrlicher Bergblick Richtung Wendelstein; Schlüssel für Anianus-Kirche im Bauernhof Alb. |

W E I T E R E   T I P S :

Weihenlinden: Einige Kilometer nördlich von Wilparting, in Weihenlinden, stoßen wir wieder auf die Kombination heilige Quelle – alte Bäume; früher gab es hier außerdem eine „Martersäule" und – vorgeschichtliche Grabhügel. Alte Aufzeichnungen berichten, dort sei „von uralten Zeiten her ein engefangener Grundt gewest, worin zwei große Lindten und eine gemaurte Martersäul gestanden", nebst „drei erhöhten Bichelein". Hier stellte man während des Dreißigjährigen Krieges eine Marienfigur auf. Später begann man, eine Kirche zu bauen. Doch die Suche nach dem dafür benötigten Wasser blieb zunächst erfolglos. Da seien, berichtet die Legende, drei (!) fremde Pilger vorbeigekommen und hätten den guten Rat gegeben, nach einem vergrabenen Ring (!) zu graben. Das geschah, der Ring wurde gefunden, und bald darauf eine Quelle. Man erreicht Weihenlinden vom Irschenberg aus mit dem Auto über die Orte Irschenberg, Götting, Bruckmühl; mit dem Zug von München über Holzkirchen (S-Bahn-Linie 2) weiter Richtung Rosenheim bis Station Bruckmühl, weiter mit RVO-Bus 9572 Richtung Bad Aibling bis Haltestelle „Abzweigung Högling"; oder mit der S-Bahn (Linie 1) bis Aying, weiter mit RVO-Bus 9572 über Feldkirchen, Bruckmühl Richtung Bad Aibling, Haltestelle „Abzweigung Högling".

Sankt Wolfgang /Altenmarkt: Hier gibt es an prominenter Stelle, nämlich direkt vor dem Altar, einen sogenannten „Durchkriechstein". Diese Ausprägung des Steinkults ist vorchristlich. Vielleicht sollte beim Kontakt mit dem Stein, beim Durchschlüpfen durch die Engstelle all das abgestreift werden, was der Mensch loswerden wollte oder sollte – Krankheiten wie Sünden. Die mittelalterliche Kirche Sankt Wolfgang findet man mit dem Auto über die Wasserburger Landstraße (B 304) wenige Kilometer vor Altenmarkt an der Alz links oberhalb der Straße; von München Zugverbindung über Traunstein oder Mühldorf nach Altenmarkt.

15

Der Karlsberg im Mühltal

Geschichte und Geschichten um Karl den Großen

Bayerische Unabhängigkeitsbestrebungen gab es schon vor 1200 Jahren. Damals endeten sie mit der Niederlage der Agilolfinger. Der letzte Herzog, Tassilo, wurde abgesetzt und ins Kloster gesteckt. Er hatte sich bei der Wahl seines Gegners offensichtlich übernommen: Dieser nämlich war kein anderer als Karl der Große, der nachmalige Kaiser. Dabei soll auch er ein gebürtiger Bayer gewesen sein – berichtet zumindest die Sage. Ihr zufolge hätte der große Kaiser im Starnberger Mühltal das Licht der Welt erblickt.

788 nach Christus. Rodbert besucht den Markt in der Villa regia Gauting. Ein Ferkel hat er dabei, das er verkaufen möchte. Gut genährt wie es ist von den Eicheln im herzoglichen Wald, wird es sicher einen guten Preis bringen. Dafür möchte Rodbert von einem der fahrenden Händler ein Stück Tuch kaufen. Die Kinder, denkt Rodbert, brauchen dringend etwas Neues zum Anziehen. Vor allem Rodulf. Der Dreizehnjährige kommt vom Schweinehüten im Mühltal fast jedesmal mit einem neuen Riß im Gewand nach

Hause. Diesmal, hat Rodberts Frau Uta ihm mit auf dem Weg gegeben, hörst du, Rodbert, diesmal wirst du nicht wieder spielen und das ganze schöne Geld verlieren, droben, auf dem Markt der Villa regia.

„Na, Rodbert, wie wär's mit einem Spielchen?" Der Zuruf eines in bunte Stoffe nach der neuesten Mode gekleideten Mannes läßt Rodbert aus seinen Gedanken hochfahren. „Nein, Cuonrad, diesmal nicht, diesmal möchte ich Stoff kaufen..." – „Wirst doch nicht solide werden!?" spottet der Händler. Rodbert möchte schon weitergehen, als der Händler hinzufügt: „Freilich, wer mit zu hohem Einsatz spielt, kann auch alles verlieren. Wie euer Herzog Tassilo." Rodbert fährt herum: „Was ist mit Tassilo?" – „Sag bloß, du weißt es noch nicht? Tassilo ist nicht mehr Herzog." Und weil Rodbert auf diesen Satz hin aschfahl im Gesicht wird, fordert ihn der fränkische Händler auf, sich zu setzen; sogar einen Becher Wein bietet er dem Verstörten an. Und dann beginnt er zu erzählen: Er sei zufällig selbst in Ingelheim gewesen, als auf dem Reichstag das Unerhörte geschah. Der Agilolfinger entwaffnet, festgenommen, abgesetzt, angeklagt, zum Tode verurteilt, schließlich zu lebenslanger Klosterhaft begnadigt. Was man dem frommen Herzog vorgeworfen hat, wisse er, Cuonrad, freilich auch nicht. Er sei ja nur ein fahrender Händler, Politik interessiere ihn eigentlich nicht. Nur das Geschäft. Weil man schon dabei sei: Ob Rodbert nicht... Das Ferkel wechselt seinen Besitzer; Rodbert ist so wenig bei der Sache, daß er gar nicht merkt, daß ihn der Händler noch mehr übers Ohr haut, als er es gewöhnlich beim Spiel tut. Als das Ferkel schon am Spieß brät, macht sich Rodbert

*auf den Heimweg. Er ahnt, während er auf dem uralten Weg zu
seinem Hof in Luicilstat zurückwandert, daß nichts bleiben wird,
wie es war. Schon gar nicht für ihn und seine Familie: Das Land,
das sie bestellen, ist... war herzogliches Land. Was Tassilos
Absetzung bedeuten wird, darüber macht sich Rodbert wenig Il-
lusionen. Schon bald, da ist er sich sicher, wird der Frankenkönig
seine Männer ausschicken, um überall in Bayern das ehemalige
Herzogsgut einzuziehen, eben auch den Hof Luicilstat.*

Die Szene mit Rodbert hat uns noch einmal in das Mühltal nördlich von Starnberg geführt. Und die von ihm befürchtete
Beschlagnahme von Herzogsgut hat sich in den auf 788 folgenden Jahren tatsächlich häufiger abgespielt. Warum also haben
wir uns gerade den Hof Luicilstat, das heutige Leutstetten, aus-
gesucht, um unseren Bauern Rodbert mit der Nachricht von
Karls Machtübernahme zu konfrontieren? Die Antwort gibt eine
alte Sage: Sie weiß nämlich zu berichten, daß Karl der Große im
Mühltal geboren wurde – auf der Karlsburg bei Leutstetten oder
etwas weiter nördlich auf der Reismühle. Was ist dran an dieser
Geschichte, wann ist sie entstanden – und vor allem: warum?
Über die Geburt Karls des Großen wissen die Historiker wenig zu
sagen. Nicht einmal des Geburtsjahr konnte exakt ermittelt werden; zur Auswahl stehen die Daten 742, 743, 747... Völlig im
dunkeln ist der Geburtsort. Eine Sage verlegt ihn nach Oberbayern, vielleicht, weil Karls Tante mit einem Bayernherzog verhei-
ratet war? Nun nehmen aber auch noch viele andere Orte für

sich das Privileg in Anspruch, des Kaisers erste Heimat gewesen zu sein. Das ist kein Wunder: 1165 wurde der Frankenkaiser, der seine Gegner durchaus nicht mit christlicher Nächstenliebe zu behandeln pflegte, heiliggesprochen. Da die wahre Geburtsstätte des neuen Heiligen unbekannt war, konnten sich mehrere Orte um diese Ehre bewerben – und auf einträgliche Geschäfte mit möglichen Wallfahrern hoffen.

Beim Karlsberg kommt ein Zweites hinzu: Nur wenige Kilometer flußaufwärts liegt die Reismühle. Und auch in dieser Mühle soll nach einer Version der Sage Karl der Große geboren worden sein. Es handelt sich dabei um eine sogenannte „Wandersage": Karls Geburt in einer Mühle wird auch von anderen Orten berichtet. Später, als man sich die Geburt eines Kaisers in einer Mühle nur mehr schwer vorstellen konnte, brauchte die Sage bloß ein paar Kilometer im Würmtal nach Süden zu wandern, wo im hohen und späten Mittelalter auf dem Karlsberg tatsächlich eine stolze Burg stand, und ein standesgemäßer Geburtsort war gefunden.

Also alles nur erfunden? Immerhin stoßen wir in der Umgebung des Karlsbergs auf einige bemerkenswerte Indizien. Da ist zum Beispiel auf der anderen Seite der Würm, gleich hinter dem S-Bahnhof Mühlthal, der Forstbezirk „Königswiesen" (siehe auch Kapitel 7) – bereits in einer Urkunde des 10. Jahrhundert als „regis prata" als königlicher Besitz ausgewiesen. Eine andere mittelalterliche Quelle berichtet von einer Schenkung der fränkischen Fürstin Kysila: Um 800 soll sie dem Kloster Benediktbeuren die Orte Gauting, Leutstetten und Buchendorf überschrieben haben. Kysila (oder Gisela) hießen eine Schwester und eine Tochter Karls des Großen. Zusammengenommen bedeutet das: Um 800 war der Karlsberg im Besitz der karolingischen Herrscherfamilie. Vermutlich hatte sie Karl der Große im Jahr 788 seinem Vetter Tassilo bei dessen Absetzung zusammen mit der Herzogswürde abgenommen.

Aus welcher Zeit stammen dann aber die Wälle und Gräben, wird derjenige fragen, der mühsam das Plateau des Karlsbergs erklommen hat. Findige (und lokalpatriotische) Heimatforscher gaben darauf verschiedene und immer weit in die Geschichte zurückgreifende Antworten: Eine keltische Befestigung vermuteten manche, auch einen römischen Wachturm. Beweisen läßt sich beides nicht. Wohl aber glaubte man lange Zeit, Beweise für eine karolingische Burg auf dem Karlsberg gefunden zu haben: in Starnberg aufbewahrte Steinfragmente. Doch auch hier hat die neuere Forschung ihr Veto eingelegt: Vier dieser bearbeiteten Steine sind zwar karolingisch, aber aus dem Raum Kelheim (freilich auf dem Umweg über Leutstetten) an den südbayerischen See gelangt; ein fünftes Bruchstück wurde zwar tatsächlich auf dem Karlsberg gefunden, ist aber keineswegs karolingisch und stammt wohl aus München. Von dort hatte ihn zu Beginn des 19. Jahrhunderts ein Leutstettener Schloßherr auf den Karlsberg bringen lassen.

145

Mächtige Wälle, verborgen im Wald

Hoch über dem romantischen Mühltal nördlich des Starnberger Sees, verborgen im dichten Mischwald liegen tiefe Gräben und mächtige Wälle, die unübersehbaren Spuren einer früheren Befestigungsanlage. Eine Hinweistafel an der Würmtalstraße weist auf diese stummen Zeugen der Geschichte hin. Ein schmaler Pfad führt über die Südflanke des Karlsbergs hinauf auf das bewaldete Burgplateau. Wie ein Tor öffnet sich eine Lücke im Wall und gibt den Blick frei auf die ehemalige Burg. Dies ist keine malerische Ruine, in der romantische Vorstellungen von edlen Rittern und Burgfräulein lebendig werden können. Hinter den von dichtem Grün überwucherten mittelalterlichen Bollwerken stößt der Be-

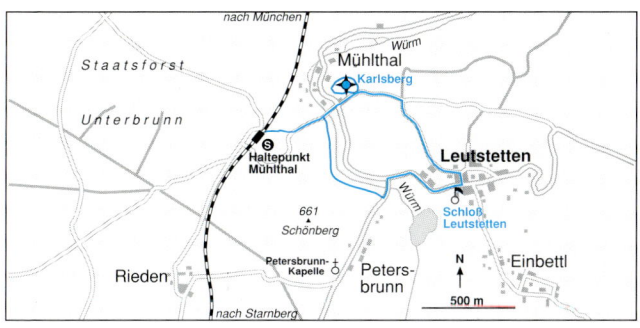

sucher auf Fundamentgruben, auf spärliche, unter dichtem Laub verborgene Mauerreste, auf einige Ziegelbrocken.

Als die Burg auf dem Karlsberg errichtet wurde, von der die heute sichtbaren Überreste stammen, war der große Kaiser Karl schon geraume Zeit tot. Erste historische Nachrichten über die Burg Karlsberg stammen aus dem 12. Jahrhundert. Schon damals gehörte sie den Wittelsbachern. Zwei von ihnen, Herzog Rudolf und König Ludwig („der Bayer"), einigten sich 1317 in einem Vertrag darauf, die im vorangegangenen Krieg zwischen den beiden feindlichen Brüdern offenbar reichlich ramponierte **Zwei herzogliche Brüder stritten um die Burg.**

Feste künftig nur noch als Jagdschloß zu verwenden. Schließlich verfiel die Burg. Im 16. Jahrhundert ließ sie der Hofmarksherr von Leutstetten, Hans Urmiller, als Steinbruch ausbeuten. Das Schloß vom Karlsberg wanderte also – freilich nur etwa um einen Kilometer. In Leutstetten entstand aus den Quadern der

Burg, die man für den Geburtsort Karls des Großen hielt, ein neues Schloß, das wiederum einige Jahrhunderte später bevorzugter Aufenthaltsort eines Wittelsbachers war: des letzten Königs von Bayern, Ludwigs III. Die real existierende Geschichte ist manchmal pointenreicher als jede Sage.

K U R Z I N F O S

Besichtigungs-ziel	Wälle und Gräben einer mittelalterlichen Burganlage, der Sage nach der Geburtsort Karls des Großen.
Dauer	Zwei Stunden.
Anfahrt	Mit der S-Bahn-Linie 6 zum Bahnhof Mühlthal; mit dem Auto über Starnberg oder Gauting.
Wegbeschrei-bung	Vom S-Bahnhof bergab zur Würm; diese und die parallel verlaufende Straße Gauting – Starnberg überqueren; am gegenüberliegenden Hang einem Weg bergauf folgen; nach etwa 100 Metern biegt scharf links ein Pfad ab, der an der Südflanke des Burghügels hinauf zum Plateau führt; nach der Besichtigung wieder hinab zum Hauptweg; vorbei an riesigen Vorwällen der Karlsburg, bis man den Wald verläßt; in einer Senke auf freiem Feld zweigt rechts ein Weg ab, der zum Parkplatz der Schloßgaststätte Leutstetten führt; von Leutstetten (Schloß im Privatbesitz) zurück zur S-Bahn.
Besonder-heiten	Wanderung kann mit Tour 7 zu einem historischen Tagesausflug kombiniert werden.

16

Die Birg bei Schäftlarn

Eine Fliehburg aus der Zeit der Ungarnkriege

Als vor 1100 Jahren die Macht der fränkischen Könige zusammenbrach, stießen neue Völkerschaften auf der Suche nach Land und Beute in das entstehende Vakuum. Im Südosten des zerbröckelnden karolingischen Riesenreichs, in Bayern, bedrohten die Magyaren, die Ungarn, wilde Reiternomaden aus den Steppen Asiens, Besitz und Leben der Bevölkerung. Diese zog sich hinter eigens errichtete Befestigungen, die sogenannten „Ungarnwälle" zurück. Einer dieser Ungarnwälle hat sich hoch über dem Isartal unweit des Klosters Schäftlarn erhalten.

„De sagittis Ungarorum libera nos, Domine! – Befreie uns, Herr, von den Pfeilen der Ungarn!" Perhtolt hat das Gebet der Mönche noch im Ohr, als er den steilen Weg vom Kloster Peipinbach zur alten Burg hinaufsteigt. Vor einigen Monaten erst hat ein bayerisches Heer unter dem Oberbefehl Markgraf Luitpolds versucht, den fremden Kriegern auf ihren schnellen, struppigen Pferden Einhalt zu gebieten. Die Kunde von der Schlacht bei Preßburg ist da-

nach wie ein Lauffeuer durch Bayern gegangen und hat so auch die Siedlungen am Fluß Isar erreicht: das bayerische Heer vernichtet, das Land schutzlos den Raubzügen der neuen Hunnen, der Ungarn, ausgeliefert.

Doch kaum hat die Nachricht von der Preßburger Katastrophe Sceftilari erreicht, da teilen die Mönche des Klosters ihren in der Umgebung wohnenden Bauern einen Plan mit: Eine Befestigung muß her! Perhtolt wird wie alle Familienvorstände zum Versammlungsplatz gerufen. Als Befestigung hat die hoch über dem Fluß gelegene alte Burg schon lange ausgedient. Doch als Ort für Gerichtstage oder – wie jetzt – für Versammlungen wird das umfriedete Berplateau weiter genutzt. Einer der Mönche beginnt zu sprechen: „Die Ungarn sind Reiter. Sie kommen rasch, plün-

150

dern, verschwinden wieder. Belagerungen sind ihre Sache nicht, um Befestigungen machen sie einen weiten Bogen." – „Schön und gut", ruft ein Siedler dazwischen, „aber wir haben keine Befestigung". – „Doch, wir haben eine", entgegnet der Vertreter des Klosters und macht mit seinen Armen eine weit ausholende Bewegung. „Die alte Burg wird unsere Befestigung sein." – „Und wird die Ungarn keine Stunde lang aufhalten", hält der Zwischenrufer mit Blick auf die bröckelnden Mauern dagegen. Beifälliges Gemurmel aus der Menge. Mit einer Handbewegung gebietet der Mann aus dem Kloster Schweigen. Und sagt dann mit ruhiger Stimme: „Wir werden aus dieser alten Burg eine neue Burg machen, an der sich diese berittenen Teufel die Zähne ausbeißen."

In den Tagen und Wochen seit jener Versammlung ist viel geschehen: Der mächtige Wall, der den Bergsporn vom Hinterland abtrennt, ist bereits mehr als vier Meter hoch. Und noch immer sind Arbeiter – Bauern und Mönche – dabei, ihn zu vergrößern. Vor dem Wall wird ein Doppelgraben ausgehoben – noch einmal so tief. Das Glanzstück der Befestigungsanlage aber liegt noch vor dem Wall und dem Graben: eine Abfolge von künstlichen Mulden und Hügeln. Hier ist Perhtolt zum Schaufeln eingeteilt. Zunächst hat er gar nicht begriffen, was er genau zu tun hat, und vor allem, warum. Dann ist der Bauaufseher gekommen, den die Mönche dank der weitgespannten Beziehungen der adligen Klostergründer engagieren konnten. Er hat ihm das Prinzip des Hindernisses erklärt: „Schau her, in der ersten Reihe nach dem Graben hast du die Abfolge Hügel, Mulde, Hügel, Mulde . . . In der zweiten Reihe

Mulde, Hügel, Mulde, Hügel... Und immer so weiter, bis dort drüben zu dem kleinen Wall." Aha, hat Perhtolt gesagt, „und wofür soll das gut sein?" „Für alles mögliche", hat der Bauleiter geantwortet, „nur nicht für einen Galoppangriff berittener Krieger..." Da hat Perhtolt den Sinn der merkwürdigen Anlage begriffen. Und seitdem macht ihm die Arbeit richtig Freude. „Vor den Pfeilen der Ungarn beschütze uns, Herr." Mit Deiner Hilfe, o Herr, werden wir uns selbst beschützen können, denkt Perhtolt.

Noch heute, nach fast 1100 Jahren, beeindrucken die mächtigen Wälle und tiefen Gräben der „Birg", so heißt die frühmittelalterliche Befestigung bei Hohenschäftlarn, jeden Besucher. Fast 100 Meter tief bricht der Bergsporn zum Isartal hin ab. Nach der anderen Seite schirmt ein tiefgestaffeltes Verteidigungssystem die Birg von ihrem Hinterland ab. Man beginnt zu ahnen, wie groß die Furcht von Menschen war, die Derartiges erbauten. Furcht wovor?

Die Wende vom 9. zum 10. Jahrhundert war geprägt vom Zerfall des karolingischen Großreichs. Schwache Könige (in Frankreich regierte ein Herr namens Karl der Einfältige, im Ostreich, dem späteren Deutschland, ein entfernter Vetter, Ludwig das Kind genannt) hatten den Angriffen äußerer Feinde wenig bis gar nichts entgegenzusetzen. Und diese Feinde traten gerade in jenen Jahren um 900 massiv in Erscheinung: im Westen die Wikinger oder Normannen, im Osten die Ungarn. Die Ungarn, sprachliche Verwandte der Finnen, hatten sich im

Lauf ihrer langen Vorgeschichte durch intensive Kontakte mit asiatischen Turkstämmen zu einem Volk von Reiterkriegern entwickelt. Ein Vorgängervolk, die Awaren, war von Karl dem Großen vernichtet worden. In dieses Machtvakuum stießen nun die Ungarn; mehr noch: Ihre überfallartigen Attacken wandten sich immer weiter nach Westen. Im Jahr 907 stellte sich ihnen bei Preßburg ein bayerisches Heer entgegen. Mit fatalen Folgen: Die bajuwarischen Truppen und ein Großteil des regionalen Adels wurde von den Steppenreitern aufgerieben, die ehemals bayerische Ostmark (das heutige Österreich) von den Ungarn besetzt. Die folgenden Jahre waren gekennzeichnet vom stetigen Wechsel zwischen ungarischen Überfällen, kriegerischen Scharmützeln und – von den Bayern meist im Alleingang abgeschlossenen – Neutralitätspakten, die den fremden Kriegern den unbehelligten Durchzug durch das wiedererstandene Herzogtum garantierten. Doch auch das war keine Garantie für die Menschen, nicht doch von marodierenden Steppenreitern überfallen zu werden. So griff man allerorten zur Selbsthilfe: Riesige Befestigungsanlagen, die sogenannten Ungarnwälle, entstanden.

Die Bedrohung endete erst, als sich die Machtverhältnisse im ostfränkischen Reich, dem heutigen Deutschland, wieder stabilisierten: 933 besiegte König Heinrich I. (bekannt als „der Vogler") ein ungarisches Heer. Den entscheidenden Schlag gegen die Ungarn führte jedoch Heinrichs Sohn Otto der Große. 955 kam es zur berühmten Schlacht auf dem Lechfeld bei Augsburg. Diese Niederlage schwächte die magyarische

Kampfkraft entscheidend, weitere Überfälle blieben aus, nur wenige Jahrzehnte später wurden die Ungarn christianisiert und Teil des christlichen Abendlandes.

Rätselhafte Verteidigungsanlagen

Die Birg bei Schäftlarn wird von einem Ungarnwall geschützt. Doch die Baugeschichte dieser Befestigung ist, das haben Wissenschaftler mittlerweile herausgefunden, viel länger und komplizierter als zunächst vermutet.

Wer sich der Birg von Hohenschäftlarn kommend nähert, stößt zunächst auf einen mehrere Meter breiten und knapp zwei Meter hohen Wall ohne vorgelagerten Graben. Dieser Wall, so war früher vermutet worden, könnte der letzte Rest einer keltischen Wehrmauer sein, der tausend Jahre später in das frühmittelalterliche Verteidigungssystem integriert wurde. Zwar wurde die Ansicht mittlerweile widerlegt – die keltische Vorgeschichte des Berges jedoch durch neueste Funde bestätigt. Hinter dem kleinen Vorwall erstreckt sich eine etwa fünfzig Meter breite Zone von Hügeln und Mulden, der der Besucher des 20. Jahrhunderts zunächst ebenso ratlos gegenübersteht wie unser tausend Jahre älterer Bauer Perhtolt. Des Rätsels Lösung: Die Hügel und Mulden bildeten zusammen ein raffiniert angelegtes Annäherungshindernis für berittene Krieger. Dahinter begann dann erst die eigentliche Wallanlage. Noch heute sind die

Der Ungarnwall hatte eine keltische Vorgeschichte.

154

Gräben bis zu fünf Meter tief; der Hauptwall erhebt sich gar zehn Meter hoch über der Grabensohle. Das gesamte Verteidigungssystem ist bis zu hundert Meter tief gestaffelt. Einer längeren Belagerung hätte die Befestigung dennoch nicht standgehalten – das wäre aber auch nicht nötig gewesen. Schnelle Überfälle waren die magyarische Methode der Kriegführung, nicht langwierige Belagerungen. Und in der Tat wurden bislang keine Hinweise auf kriegerische Auseinandersetzungen um die Birg zutage gefördert.

Direkt nach dem Ungarnwall passiert der Besucher eine Tordurchfahrt aus zwei parallelen, knapp zehn Meter voneinander entfernten Erdwällen. Für Archäologen gehörte diese Toranlage

155

zu einer älteren, karolingischen Burg. Einen Beleg für diese These fanden Wissenschaftler an der Nordwest- und Nordflanke der Birg. Am Rande des Plateaus verläuft hier ein an manchen Stellen noch gut sichtbarer Wall als Überrest einer früheren Mauer. Einige Meter tiefer zog sich ein Hanggraben um den Berg. Solche Befestigungselemente treten erstmals in der Karolingerzeit, also im 8. und 9. Jahrhundert auf. Diese Burg könnte durchaus eine gewisse zentralörtliche Funktion gehabt haben – als Schutz eines Isarübergangs, als Ort für Versammlungen, als Gerichtsstätte. Jedenfalls ist in Urkunden des 8. Jahrhunderts im Zusammenhang mit dem Kloster Schäftlarn (das damals noch Peipinbach hieß) auch von einer Burg bei Sceftilari die Rede, die möglicherweise der fränkischen Hochadelsfamilie der „Waltriche" gehörte.

Ein Gerichts- und Versammlungsplatz aus der Karolingerzeit.

K U R Z I N F O S

Besichtigungs-ziel

Ottonische Ungarn-Fliehburg auf karolingischen und wohl auch keltischen Resten.

Dauer

Zwei bis drei Stunden.

Anfahrt

Mit der S-Bahn (Linie 7) oder dem Auto nach Hohenschäftlarn südlich von München.

Wegbeschrei-bung

In Hohenschäftlarn folgt man dem Birgweg bis zum letzten Haus; die Straße setzt sich in einem Pfad über die Wiese fort; am Waldrand trifft man auf einen Querweg und folgt diesem nach links. Dieser Weg führt direkt zu den Wallanlagen der Birg. Kurz vor den Wällen führt ein kleiner Abstecher zu einem linker Hand etwas tiefer gelegenen Parkplatz beim Hohenschäftlarner Wertstoffhof; dort findet man eine historische Informationstafel und Wegweiser zur Birg. Nach der Besichtigung der Burganlage steigt man auf einem der zahlreichen Wege hinab ins Isartal und folgt dem Uferweg flußabwärts bis Buchenhain (S-Bahn-Station).

Besonder-heiten

Festes Schuhwerk nötig; Wanderung für Ausdauernde mit Tour 11 (Grünwald) zu einem Tagesausflug kombinierbar.

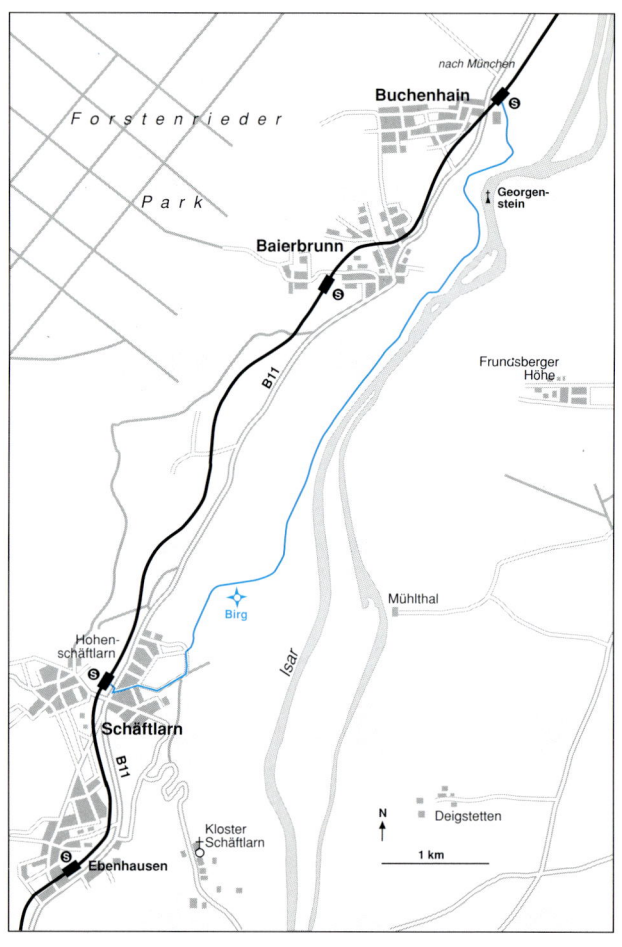